LE CHANT DU DÉPART

Du même auteur :

Priez pour elle, Fleuve Noir, 1950
Méfiez-vous des blondes, Fleuve Noir, 1950
Massacre en dentelles, Fleuve Noir, 1952
Ne nous fâchons pas, Plon, 1966
Le Terminus des prétentieux, Plon, 1968
Mon petit livre rouge, Presses Pocket, 1969
Vive la France, Julliard, 1973
Le Petit cheval de retour, Julliard, 1975
Répète un peu ce que tu viens de dire, Julliard, 1975
La Nuit, le jour et toutes les autres nuits, Denoël, 1978

Michel Audiard

Le chant du départ

roman

Fayard

Ce livre est édité sous la direction
de Laurent Chollet.

Couverture : Hokus Pokus
d'après une création graphique d'Antoine du Payrat.
Photographie de couverture : D.R.
ISBN : 978-2-213-70550-7

« Ne me remuez pas,
je suis plein de larmes. »

Henri Calet

Jamais les femmes ne m'ont sauté au cou. C'est incompréhensible. Elles m'ont toujours pris par la main... comme ça... sans avoir l'air. La vie ne serait-elle qu'une guirlande de mains se fanant tandis qu'elles se passent et se repassent un cavalier de plus en plus décrépit ?

Mais on parlera des dames un peu plus tard, plus loin. C'est une espèce qui réclame beaucoup d'attention.

Si les maisons où nous sommes nés ne dégringolaient pas comme des châteaux de cartes, si les trottoirs cessaient un peu de trembler sous nos semelles, si nous n'appréhendions pas d'être engloutis – demain peut-être – dans l'œil du cyclope, je sais très bien ce que je ferais : j'écrirais mes souvenirs. Pas les vrais, bien sûr... Les « souvenirs-sunlight », le ciné-bastringue...

Mais le voudrais-je, en aurais-je le temps ?

La grosse difficulté, voyez-vous, de nos jours, ce n'est pas de commencer une histoire, c'est de la terminer, d'arriver au bout, ce qui implique de passer à travers les balles, les éboulis, les autos, les jeunes, tous les dangers de la rue qui sont immenses.

Comme dit madame Praline, qui vend des journaux au métro Denfert : « Il s'en passe ! »

Elle a raison, madame Praline.

Ainsi, par exemple : ce vendredi 2 novembre, jour des Morts, la radio répercute sur les chrysanthèmes l'incroyable nouvelle : deux cents policiers – dont tout laisse à penser qu'ils n'étaient pas là par inadvertance – ont abattu un certain monsieur Mesrine porte de Clignancourt, à deux pas de l'endroit où il était né quarante-trois ans plus tôt, soit à peu près à l'époque où, lors de circonstances analogues, ou presque, d'autres policiers abattaient un certain monsieur Dillinger sur un trottoir américain.

Je connais peu les trottoirs américains, mais je connais assez bien les trottoirs parisiens. Souvenez-vous : ces trottoirs où les concierges sortaient des chaises au soleil de Pâques. Elles ont disparu, les chaises, et les concierges avec et les trottoirs suivront bientôt. Ils seront remplacés, j'apprends, par des sortes de tapis roulants. Pour aller nulle part ce sera bien pratique.

Monsieur Mesrine était né rue Belliard, au numéro 24, vraiment tout à côté de cette porte de Clignancourt où sa mauvaise chance l'attendait. Il avait accompli auparavant une cavale de deux étés.

Si j'ai l'air d'insister lourdement sur le cas de monsieur Jacques Mesrine, c'est parce qu'il est mort près de son ancienne maison, ce qui peut paraître normal et qui pourtant devient de plus en plus insolite, incroyable pour ainsi dire, aux regards d'aujourd'hui.

La rue où demeurait la petite Charlotte et où fleurissait un camélia a disparu. Celle où habite Véra Varlope disparaîtra bientôt elle aussi, comme disparaîtront quantité d'autres rues où habitent plein de gens que je connais. Parce que c'est comme ça. Personne ne nous donne d'autre explication, on nous dit : « C'est comme ça. » Les petits rentiers des impasses ont déjà reçu l'ordre de déguerpir. On a promis de les reloger dans des immeubles très hauts et très ensoleillés où beaucoup se suicideront.

Les maisons anciennes ne manquaient pourtant pas de charme, de cachet comme on disait alors. C'est Alban de Mérovie qui m'a rappelé l'expression.

Alban de Mérovie est un personnage très seul.

Il l'a cherché. Oh, oui, bien cherché.

À force de coucher avec les meilleures amies de sa femme et avec les femmes de ses meilleurs amis, il n'a plus de femme et n'aura bientôt plus d'amis.

Quelle noirceur.

Finirions-nous par ressembler peu à peu à la vie que nous menons ? Celle d'Alban n'est guère édifiante. Mais la vôtre ? La mienne ? Qui peut prétendre ?

Qui oserait dire : « Ma vie, pardon, chapeau ! » Voilà pourtant qui serait bien agréable, élégant et tout... Imaginez un peu... Une vie claire comme la source, transparente, avec toutes les B.A. agglutinées autour de soi, pareilles aux maisons serrant le clocher dans les fumées du soir.

Quel dommage que... oui, vraiment...

Généralement, nos affaires ne débutent pourtant pas trop mal... Les premiers pas... Le père Noël... La bonne fée Souricette, tout ça... Mais quelque chose, dans notre nature, doit les débecter très vite, les fées ! On ne les revoit plus du parcours !

À quoi rêve-t-on sous les préaux d'école ? J'ai connu des cerveaux peuplés de goélettes, d'autres dictant leur loi à des peuples d'Orient. Pour ma part, plutôt que dans l'Aventure, je donnais volontiers dans la fiction « bon chic », envisageant la vie sous les traits d'une personne follement distinguée traversant UNIQUEMENT la place Vendôme.

Toutes les générations n'ont pas l'aubaine de pouvoir invoquer des motifs historiques à leur déconfiture. Nous autres, oui. Car il s'en est passé, comme dirait madame Praline ! Indéniable ! Les dates sont là... 1939 et la suite... La drôle de guerre, la moins drôle, l'exode, la honte, plus de beurre... Puis d'autres guerres, plus de pétrole... Une branlée interminable.

Qu'espère-t-on de pire ? On en voit pourtant qui complotent encore, fourbissent leurs armes, réclament Pondichéry, Mahé, Chandernagor. Pauvres gens.

Moi, je tourne des films. Ça gagne bien et ça ne fait de mal à personne.

Mais qu'êtes-vous devenue, ô belle âme qui traversiez la place Vendôme ?

Bien sûr, tout cela n'est pas follement gai. Si on aime le cocasse et le déconcertant, mieux vaudrait parler d'autres choses, des dames par exemple. C'est distrayant, les dames.

Adrienne... Véra... Madame Agnès... même la grosse Clodomir... que deviendrais-je sans elles ? Où trouverais-je une âme sœur capable de supporter mes humeurs, ma toux, mes chagrins ? Et puis, malgré leurs instincts déplorables, mes petites amies sont tout de même forcées de se tenir à carreau tellement je sais de choses... sexuelles ou pire encore... que je pourrais mettre dans les films... en conservant les noms... les adresses... les téléphones... tout... Ça les fait un peu réfléchir, les mémères.

De toute façon, on ne parlera bientôt plus d'elles, ni de rien... Je veux dire plus ici, plus à la terrasse... puisqu'ils vont l'ôter à la dynamite, la terrasse... le quartier avec... C'est tout prévu... pour planter des Sheraton, des « espaces Machin », des banques.

En attendant, on fait recette.

Déjà plusieurs mois que les curieux affluent. On a d'abord cru à une mode. Ça passera, pensait-on. Et puis, pas du tout. Les familles du dimanche n'hésitent plus à se déplacer de Vanves, de Châtillon, on en a même vues qui venaient d'Asnières... Asnières, vous vous rendez compte... avec les mômes, les pliants, le thermos, la caméra-vidéo.

Lorsque les tours auront définitivement écrasé nos acacias, quand les bétonnières seront montées jusqu'à nous et que le périphérique Nord-Sud recouvrira le petit square où dansait Charlotte, tout le monde sera là pour voir mourir le lion.[1]

De la terrasse vitrée du Grand Vizir, le tabac de la place Denfert-Rochereau, on voit en plein sa croupe, au lion, verdâtre, comme déjà décomposée par la trouille. Y a de quoi. Nous n'en menons pas large non plus, nous deux, Alban, et tous les autres.

Parti de Montparnasse, l'infernal bouzin des caterpillars se rapproche davantage chaque semaine. La ville nouvelle pousse l'ancienne

---

1. Gloire de la place Denfert-Rochereau, ce lion de bronze est la reproduction de l'œuvre du sculpteur Bartholdi, dont l'original se trouve à Belfort. Une très jolie chose.

au galop. Certains jours, la clientèle du Grand Vizir grelotte derrière les vitres, tétanisée de voir jaillir les Hilton, les Multi, les mille Babel. Du train où ça va, les excavatrices s'arrêteront-elles aux portes de Montrouge ?

Maintenant que la plupart de ceux que j'aimais sont morts, vous allez voir qu'on va s'en prendre à leurs maisons !

Les défunts encombrent, bouffent l'espace. Comment qu'on les foutrait en l'air, si on osait. Pour l'instant, on se retient encore un petit peu... L'Inconnu de l'Arc de Triomphe, par exemple, croyez-vous que personne n'ait jamais songé à le virer de là ? Imaginez un peu la belle avenue toute droite qui mènerait du palais du Louvre au château de Saint-Germain, d'une traite, si ce connard n'entravait pas la circulation !

Moi aussi, on aimerait que je décanille, d'après Alban. Il aurait surpris des regards en coin, des mimiques, chez certains jeunes confrères. J'aurais fait mon temps, selon eux. Ce n'est pas très gentil. Peut-être pourrait-on essayer de restaurer la façade ? Colmater les fissures ? Sauver le chef-d'œuvre en péril ?

– Bienheureux d'être encore debout ! m'a fait remarquer mon ami Charmille qui est dans les assurances, un soir que nous tripotions le corps somptueux de Véra Varlope sur le lit de Sarah Bernhardt.

Mais ne sommes-nous pas debout comme restent en équilibre certains immeubles après un tremblement de terre ? Ce livre achevé, Alban de Mérovie survivra-t-il ? Véra Varlope est-elle plus vraisemblable que ces Natacha de cabarets pleurant toutes les larmes de l'exil en palpant des ristournes sur les bouchons de champagne ?

Drôles de petits amis.

Mais sans doute pensent-ils la même chose de moi.

– Tu vas voir qu'il va encore nous pomper l'air ! prophétise Alban de Mérovie du plus loin qu'il voit se pointer Maurice, là-bas sur l'avenue, juste au feu rouge.

Du Grand Vizir, par beau temps, nous contrôlons les allées et venues d'un tas de gens, les « mouvements » comme disent les marins. Gibraltar doit offrir les mêmes avantages.

Maurice, le welter[1] d'Adrienne, sort à coup sûr du « Petit Palace », la salle de quartier spécialisée dans les reprises, qui affiche *Autant en emporte le vent* depuis cinq ans. Maurice l'a vu au moins dix fois, mais peut le revoir dix autres, il oublie tout. Maurice s'appelait autrefois « Kid » Forgeon. Un puncheur, ai-je lu dans un vieux *Miroir des sports*. Il aurait même été champion de quelque chose, d'Europe je crois.

1. Boxeur combattant à la limite de 62,4 kg.

Il ne m'aborde jamais sans y aller d'une petite feinte, une rotation du buste, le poing gauche en avant, le droit lui pichenettant le nez tandis qu'il souffle « hiomph, hiomph » à pleine trompe, à cause de sa cloison déviée.

– L'esquive, Cher Maître, l'esquive ! commente-t-il alors. Garde basse... hiomph... hiomph... tout en retrait... rien que les jambes !... French Dancer !

Il marche sur les talons, sonné comme c'est pas permis. Cent combats dont vingt de trop. Sur la fin, il se prenait des valses incroyables. Il fallait le ranimer au vestiaire, avec le masque à oxygène, de vrais comas.

– Qu'on me redonne ma chance ! menace-t-il souvent. Je mets Madison[1] debout ! *La Marseillaise* !

De très vieux organisateurs vont jusqu'à lui proposer du pognon, pas des masses, à condition qu'il raccroche une bonne fois, qu'on ne le voie plus rôder autour des gymnases, à vicier les jeunots, lancer des défis. Qu'il oublie tout ça.

Sa femme aussi souhaiterait.

Mais Adrienne, c'est autre chose.

– Pousse-le donc à écrire ses souvenirs ! me harcèle-t-elle depuis des semaines et des semaines. Si tu l'aides au début, après ça viendra tout seul. J'en suis sûre, t'entends ? Sûre !

---

1. Madison Square Garden, illustre arène new-yorkaise récemment remplacée par le Yankee Stadium.

Elle fait dans le chapeau, Adrienne. Pas tout à fait modiste, mais presque. Elle met les feutres en forme... à la vapeur... chez madame Agnès... pas l'Agnès modiste rue de la Paix, l'autre, sa sœur, l'Agnès du faubourg Saint-Honoré, la vraie. Enfin, la vraie... on saura un jour... pour l'instant, elles sont en procès. J'évite de me mêler.

– Personne qui pourrait dire où se trouve ma femme ? gueule le Kid en pleine terrasse.

Moi je pourrais. J'y tiens pas, c'est tout. À l'heure qu'il est, l'Adrienne se fait sauter au Moderna, l'hôtel juste de l'autre côté du square. Elle se fait quotidiennement enjamber, comme ça, vers cinq heures, en revenant des commissions. Elle traîne, comme on dit. Des fois avec moi. Adrienne n'est pas vicieuse, elle s'ennuie.

Cette femme-là n'a pas eu de chance. Elle a pourtant un regard intéressant. De beaux yeux beiges, un peu mélancoliques, comme on aimait dans le temps. Ses épaules aussi sont démodées, dodues, légèrement tombantes, à la George Sand. Vraiment, non vraiment, elle ne méritait pas de tomber sur le Kid, encore moins, plus tard, sur Alban ou sur Gédéon, enfin tous ceux de notre espèce. Elle aurait dû épouser un grossiste à Rungis, ou un flic, un homme « qui sache la tenir ».

– Vous auriez pas idée, Cher Maître, à quelle heure elle va venir ?

Ses arcades recousues lui donnent une expression clownesque et je n'aime pas quand Maurice me regarde comme ça. Je n'aime pas non plus ce qu'il dit.

– Voyez pas qu'elle m'oublie ?

– Voyons, Maurice ! je le gronde. Adrienne n'a pas pour habitude de vous oublier.

– Alors vous croyez qu'elle passera ?

Bien sûr elle passera. Elle passe toujours. En sortant du Moderna, elle a soif. Faire l'amour la déshydrate. Boire la fait gonfler. Problème.

– Elle va sûrement plus tarder, dis-je.

– Sûrement pas, confirme Alban.

– Sûrement pas, fait un militaire qui vient ici de temps à autre et commande chaque fois un Claquessin, une boisson d'avant-guerre qu'à son âge il ne devrait, par conséquent, pas connaître. Cela nous préoccupe tous. Un jour, nous lui demanderons des explications.

Un qui s'en fout bien, c'est le patron ! Il a d'autres soucis. Sa tête bourdonne terrible depuis qu'on entend s'approcher LE BRUIT. Il ne dort plus, ou alors fenêtre ouverte, pour guetter, des fois que les bulldozers attaquent impromptu, soufflant le troquet à la surprise.

– Vous n'entendez rien ? s'inquiète-t-il dès la tombée de la nuit. On dirait que ÇA SE RAPPROCHE !

À sa place, je passerais une annonce : « bail à céder ». J'attendrais pas. Déjà les petits commerces ont tous explosé entre Rennes et Bienvenüe. Ça gagne maintenant sur Vaugirard, par Maine, puis la rue de l'Ouest…

Certains soirs, le samedi de préférence, je traînasse par là-bas, dans les ruines, pour être sûr de bien me souvenir, de ne pas dire trop de conneries plus tard…

La disparition des trottoirs sur lesquels ils ont tracé leurs jeux de marelle est un crève-cœur pour les vieux enfants.

Les façades des petites maisons de la rue Vercingétorix ne sont grises que pour détourner de l'essentiel. Au fond des cours se cachent des paradis condamnés : garages à bateaux, anciens lavoirs, ateliers de sculpteurs dont les œuvres dorment au milieu des sureaux et des roses trémières. Pour combien de temps ? La disparition de certains êtres m'a éduqué sur la précarité du bonheur.

Bon.

Ce n'est pas méchant de dire qu'Adrienne n'avait jamais mis les pieds à la boxe quand son oncle Aramis, qui vend des litchis et des ananas au coin de la rue Daguerre, l'avait embarquée à une réunion au Cirque d'Hiver, précisément le soir où un Panaméen s'était affalé dès le second round devant le Kid encore en partie lucide. Je dis « en partie » parce qu'il avait déjà, quand même, encaissé pas mal de roustes. Mais à l'étranger. Ça ne se savait pas.

À la sortie, Aramis avait invité sa nièce à dîner dans cette incroyable brasserie où les serveuses portent des coiffes alsaciennes et qu'on trouve à main gauche sur le boulevard, à deux pas de la Bastille. C'est très connu.

Aramis et Adrienne en étaient au kirsch et le tonton commençait à avoir les yeux drôlets, quand le Kid et sa bande avaient giclé de la porte-tambour. Ce genre d'entrée tonitruante, un peu cabotine, des soirs de victoire.

À partir de cet instant Adrienne, ayant encore toute fraîche en mémoire l'estocade du Panaméen, ne quitta plus des yeux Maurice « Kid » Forgeon qui, béat, son verre à l'oreille, écoutait mousser sa bière, tandis qu'un nabot simiesque, probablement son « homme de coin[1] », mimait pour la centième fois le K.-O…

– Tu viens ? s'impatientait l'oncle Aramis.

– Je ne travaille pas demain, tonton. Sois gentil…

Minuit passé, le tonton filait, drôlement colère, tandis qu'Adrienne rejoignait la table des gens de boxe.

– Je vous présente Frenchy Dancer ! avait hurlé le nabot à la petite modiste (enfin, presque) dont l'imagination, Dieu sait, n'avait pas besoin de ça.

En ce temps-là, je veux dire avant qu'il ne dérive vers nos côtes, Maurice occupait un « meublé » au dernier étage d'un immeuble de l'avenue de Wagram dont le propriétaire, un certain Wynn Cabot – pas plus américain que vous et moi – organisait des spectacles de roller-catch, de pancrace dans l'huile, des courses de souris, des combats de nains. Affamé de fric qu'il dégorgeait ensuite au poker, cet onctueux parasite possédait également des actions (une ou

1. Appelé généralement « prévôt ». Homme de confiance qui, durant la minute de repos, soigne et conseille le boxeur.

plusieurs « pattes », selon la terminologie de ce milieu) sur des rockers, des champions de billard, des boxeurs. « Il m'aimait comme son fils, s'entête le Kid aujourd'hui encore. » Possible. Mais ça prouve quoi ? Adrienne aussi l'aime comme un fils et m'aime comme un frère et j'aime Véra Varlope comme une sœur. On s'aime tous, mais pas forcément au même moment. En plus, on a nos têtes ! Ainsi Wynn passe-t-il pour le dernier des salauds d'avoir sacqué le Kid, alors qu'il ne vient à l'esprit d'aucun d'entre nous qu'Adrienne soit une salope, qui pourtant le trompe comme c'est pas possible.

Mais la nuit que l'on pourrait appeler la nuit de la choucroute, les sentiments n'avaient pas encore atteint une telle complexité. Et cette nuit-là, le Kid triomphant et pas mal saoul avait embarqué avenue de Wagram une Adrienne subjuguée.

La gentille m'a confié, depuis, que le conquérant avait montré au lit des dispositions bizarres, poussant des « hiomph-hiomph », exigeant une poche de glace sur la nuque, plein de petites choses comme ça dont elle aurait dû se méfier ; mais les femmes aux yeux doux ne se démontent pas pour si peu. Et puis ce qu'Adrienne aimait – aime encore, si ça se trouve – chez le Kid, était précisément ce besoin d'être materné. Qu'au début, le « puncheur » l'ait séduite ne fait aucun doute, mais l'histoire se serait alors arrêtée au jour de la dégringolade, alors qu'au contraire ! l'Adrienne ne s'est jamais autant déployée en simagrées qu'à partir du moment où son Maurice a commencé de valdinguer à travers les rings, à se faire avoiner par les pires charlots. J'ai dès lors tout compris ! Ce n'était pas du champion qu'elle était folle, c'était du con.

Pour lui – j'en reviens au lion – encore une journée de gagnée. La terrasse est éclairée depuis longtemps et le Kid complètement cuit quand Adrienne tombe au Grand Vizir.

– T'es dans un bel état ! lance-t-elle au Kid.

– Tu t'es regardée ? murmure Alban en lui indiquant sa robe de jersey dégrafée jusqu'à la ceinture.

– Merde, fait-elle en piquant un fard.

Ses seins sont menus, plutôt gais, en tout cas normaux. Je dis normaux en pensant à ceux, proprement extravagants, de Véra Varlope.

– T'as pas un peigne ? Je dois avoir une de ces têtes !

Qu'Adrienne soit troublée par un désordre tout à fait inhabituel chez elle, bon, d'accord, mais que, cherchant un peigne, elle s'adresse à moi... alors, là... vraiment !

– J'étais avec le rigolo... tu sais... ce type qui répare les guitares... son nom me reviendra. On s'est endormis, dis donc !

Le militaire semble agacé. Serait-il amoureux ? Venant de militaires, tout s'est vu. Le Kid, lui, à l'écoute de son verre, entend gronder la mer. Par contre, je ne pense pas qu'il ait entendu Adrienne entrer.

– Ça t'arrive jamais de t'endormir après l'amour ? me demande-t-elle.

– Je m'endors pendant.

Elle rit.

Nous sommes quelques-uns, au Grand Vizir, à juger le rire d'Adrienne parfaitement niais. Dieu merci, dans le même instant, alors qu'elle regarde vers le Kid et paraît sur le point de fondre en larmes, ses yeux retrouvent l'expression déchirée que nous aimons tous.

– Hiomph !… Hiomph !…

Maurice nous précède dans la nuit. On le laisse toujours marcher devant pour pas le perdre. Le long des grilles du Luxembourg, Adrienne commence à me tripoter les doigts.

– Dis donc, pour les mémoires du Kid, si on allait voir ton éditeur ?

Je l'écoute sans l'écouter… absent déjà… songeant aux gredins qui m'attendent à l'hôtel, embusqués derrière la lampe de porcelaine verte, prêts à surgir dès que barbouillés d'encre… femmes fatales… flics… voyous… archétypes plantés dans un paysage cinématographique qui m'est ordinaire.

– Tu pourrais répondre, me pilonne Adrienne. Pour nos « mémoires », si on allait voir ton éditeur demain ?

– Ce serait le pied. Mais il est absent pour un mois. Il se baigne à Dubrovnik.

– C'est con ça, dis donc.

– Oui, c'est con.

– Si on allait en voir un autre ! Un qui ne se baigne pas à Dubrovnik…

Elle m'épuise. Quand je les aurai déposés devant leur porte, afin d'être bien sûr qu'elle n'aille pas larguer le Kid à un comptoir pour cavaler au Moderna avec un Africain de rencontre, j'essaierai de trouver un taxi qui veuille bien s'aventurer dans mes confins. Sitôt la nuit tombée, je migrate énormément.

Si je fréquente et mélancolise toujours rive gauche, je griffonne et rature à présent de l'autre côté des ponts, tout là-bas au diable derrière l'Étoile, une contrée perdue, cosmopolite à faire peur : le 16ᵉ arrondissement, en lisière du Bois. C'est à connaître !

Les paysans d'Auteuil grimperaient à leurs caoutchoucs s'ils imaginaient une seconde le crime si près de chez eux, dans l'effrayant triangle : avenue de la Grande-Armée, avenue Foch, rue Le Sueur. Déjà, voyez rue Le Sueur, ça commence bien ! C'est là, au n° 21, que le docteur Petiot cramait ses clients dans la chaux vive.

Autour, c'est pire encore où plein de gens disparaissent chaque nuit. Même de jour, je suis sûr. Rue d'Argentine… rue de Saïgon… rue Chalgrin. Les gens que l'on croise entre les ambassades louches et les studios aux volets perpétuellement clos, n'ont leurs semblables nulle part ailleurs : espionnes aux paupières peintes, bonzes mangeurs d'opium, Russes blancs, le dalaï-lama en personne, éthéromanes au masque de céruse, catins retraitées, vieux travelos, incroyables prothèses. Il faut avoir les nerfs solides.

Façade blanche blottie dans l'anse de la rue Chalgrin : une folie Second Empire qu'on imaginerait mieux ailleurs. Je pense aux gazons bleutés de Marly. Elle est pourtant là, à demi masquée par un aucuba, avec, sur l'arrière, un drôle de jardin anglais.

Je n'aurais jamais découvert cet hôtel, qu'administre une dame aux cheveux mauves, sans un réseau de relations. Une amie poétesse qui habite sur Neuilly vient chaque mardi « en voisine » s'y faire étriller par un diplomate d'Amérique latine qui la traite de tout.

– C'était autrefois une pension de famille, m'a dit la dame aux cheveux mauves.

Autrefois ? Mais encore ? Mon amie poétesse laisse entendre qu'au cours des années vertes l'endroit aurait abrité les fredaines de certains dignitaires nazis cantonnés avenue Foch. Un colonel de la Wehrmacht y rejoignait assez souvent, toujours d'après mes renseignements, une chanteuse célèbre. Peut-être demandaient-ils ma chambre ? J'aime à croire qu'ils soupaient auparavant dans le petit jardin. J'ai retrouvé une photo d'elle dans un programme de Bobino. Une beauté ténébreuse avec une grande bouche. Sur lui, je manque évidemment d'informations... lui prêter les traits aristocratiques d'Ernst Junger ne me déplaît pas.

Tandis que sa belle amie l'écoutait en picorant du caviar sans ticket, de quoi pouvait bien parler le colonel Junger ? Sans doute relatait-il les douloureux événements du front de l'Est ? Le complot contre Hitler ? Il paraît plus raisonnable de penser qu'il égrenait tout simplement des mots de permissionnaire transi. Malheureusement, dans l'instant même où j'imagine ces mots, l'aventure cesse de m'intéresser.

Un soir, rue de Saïgon, un homme m'a demandé du feu. Il avait un léger accent, mais pas plus que n'importe qui dans le coin. Nous avons échangé de consternantes banalités, puis, d'un ton soudain passionné, l'homme me déclara que l'immeuble devant lequel nous nous trouvions, et que l'on m'avait indiqué comme étant une fumerie tibétaine, était en réalité une synagogue.

Quand il s'est éloigné, j'ai bien cru reconnaître Martin Borman.

Je pose la question parce que ces gamins-là ont tout de même quelques traits de famille, ne serait-ce qu'une tendance à l'irritation : quelle aurait été l'attitude d'un Jacques Mesrine sous l'Occupation ? Maquis ou Gestapo ? La rose ou le réséda ? Ou bien le double jeu comme beaucoup ? N'oublions pas que dans son système de défense – assez aberrant – le docteur

Petiot invoquait l'élimination par ses « soins » d'innombrables collaborateurs. Que le jury ne l'ait pas suivi sur ce point ne prouve pas qu'il en ait totalement menti. Et Joanovici, le ferrailleur milliardaire ? Le tout-puissant monsieur Joseph ne faisait-il pas rouler vers l'Allemagne ses wagons de cuivre et d'étain dans le même temps que ses camions livraient des fusils à la préfecture de Police en prévision de la libération de Paris ? Collaborateur économique, auxiliaire de la carlingue[1], c'est-à-dire tortionnaire par personne interposée, ténébreux souverain du Tout-Paris d'alors, monsieur Joseph n'en a pas moins laissé, dans la mémoire de certaines petites gens de la plaine Saint-Ouen, le souvenir d'un gros homme jovial et généreux. Il y a des témoignages là-dessus. C'est pourquoi je pose la question : une carte de police allemande dans sa poche, ou un brassard tricolore à la manche, Mesrine eût-il été jovial et généreux ? Sans doute n'aurait-il pas pu exciper des mêmes motivations. Juif bessarabien, monsieur Joseph n'en possédait pas moins de profondes racines dans cette périphérie ferraillante, parmi ces Grecs, ces manouches, anciens associés ou concurrents. Des signes mystérieux, d'étranges connivences tribales, continuaient de régir les rapports entre celui qui remuait des milliards et ceux qui les

1. Expression argotique désignant la Gestapo française.

convoitaient, probablement aussi des liens secrètement affectifs.

Éliminant ses rivaux par tous les moyens, y compris les pires, Joanovici n'a pourtant dénoncé aucun de « ceux de la plaine » à ses amis de la Gestapo. Probablement les en a-t-il parfois menacés, mais les heurts paraissent s'être toujours finalement aplanis autour d'un chiche-kebab servi dans une des mystérieuses arrière-salles de ces troquets enfouis là-bas dans l'Île-aux-Chats derrière les gazomètres.

Marqué du lignage du cloporte (cloporte nanti, gavé, mais cloporte quand même), monsieur Joseph évoluait héréditairement dans le marécage, naissance que ne pouvait invoquer Jacques Mesrine, fils de petits boutiquiers et ancien pensionnaire des Oratoriens. Les bourgeois ont toujours des comptes à régler avec la société. C'est pourquoi on imagine assez bien une espèce de Saint-Just réclamant la tête des traîtres de Londres ou de Vichy. Le président Mornet[1], ne l'oublions pas – d'ailleurs, comment l'oublier ? –, était lui aussi un bourgeois. Le docteur Petiot également.

Les ombres des assassins qui nous précèdent dans les rues finissent par créer entre nous

---

1. Procureur de l'État français, puis de la République, qui a réussi l'incroyable prodige de réclamer, à quelques mois d'intervalle, la peau de Blum puis celle de Laval.

d'étranges rapports, une connivence farceuse. Mais qu'y faire ? Déménager ? Pour aller où ? Aucun quartier n'est vraiment sûr. Et puis, je crains m'être habitué aux ombres d'ici, et, parmi elles, à celle du docteur Petiot qui n'est pas la plus triste. Oh, non ! De même que l'on perçoit le ricanement de Landru dès les premiers rosiers de Gambais, à l'orée de la rue Le Sueur je sens pointer entre mes omoplates le regard acéré du bon docteur que j'imagine penché à son balcon, en blouseche, espiègle et racoleur. Certains crimes laissent pantois par leur unicité, leur apparence hasardeuse. À l'inverse, les grands équarrisseurs atteignent, de par l'étendue même de leurs forfaits, à des dimensions humoristiques fabuleuses. Le parricide de Vaucresson relève du rapport de gendarme, Landru est un personnage de Marcel Aymé. Or, le docteur Petiot se révèle infiniment plus cocasse, sa carrière plus folle, sa trajectoire plus baroque. Présumé responsable de quelque soixante « disparitions », tracassé par toutes les flicailles, l'excellent praticien s'était évanoui – avec d'autres – dans le bel été de la Libération. Où et comment l'a-t-on retrouvé ? Grelottant, livide, terré chez une prostituée ? Du tout, du tout. Les limiers tombèrent (et encore par le plus joyeux des hasards) sur un fringant capitaine F.F.I. rendant la justice sous les platanes de la caserne de Reuilly.

Retour de massacrer les infidèles, Saint Louis sous son chêne n'était plus fourbe.

Pour ceux qui n'auraient plus très bien le scénario en tête, je résume : Petiot Marcel, dit « le monstre au calorifère », dit « le docteur fly-tox », exerçait ses talents de généraliste durant la période 41-44 en son hôtel particulier, 21 rue Le Sueur, demeure utilisée précédemment et à d'autres fins par madame Cécile Sorel. Vestibule tapissé de portraits de Pasteur, de Laennec, salle d'attente à pompons, tout cela bien rassurant parce que très ordinaire. Le loustic, lui, l'était moins. Le poil noir, l'œil noir, l'âme noire, Henry Wetterwald, alias docteur Eugène, alias capitaine Valéry, Marcel Petiot a rendu à l'art de tuer un paroxysme égaré depuis Sophocle, que Landru avait courageusement tenté de restaurer et qui, parfois, perçait – si j'ose dire – sous le couteau de Jack l'Éventreur. Et de surcroît (ce n'est pas le côté le moins théâtral du personnage) ravi de soi !

Comptable de ses pelletées de chaux vive, à la façon dont Stakhanov l'était de ses pelletées de charbon, le fier Marcel entendait que ses performances soient célébrées sans restriction. Quand l'avocat général l'accusera de vingt-sept meurtres, il en revendiquera soixante-trois, dont certains perpétrés sur des individus aux sobriquets enchanteurs : Adrien le Basque, Paulette la Chinoise, Jo le Prétentieux. Interprétation romanesque, pourrait-on croire, tellement « c'est trop ». Alors qu'on ne saurait être, en vérité, plus distant du roman que cette photographie datée du 18 mars 1946 diffusée par l'Agence Keyston, et tombant sur la France à des millions d'exemplaires : le prétoire des assises transformé en marché aux Puces ! Les pièces à conviction entassées derrière le greffier, des valises jusqu'au plafond ! Et l'incroyable inventaire : cent dix chemises, cent vingt jupes, quatre-vingt-dix robes, cinquante-cinq culottes, vingt et un chapeaux !

Le vingt et unième n'était-il pas celui de Bébé Ziegler ?

– La petite Ziegler ? s'extasie Alban. Ah ! mon cher, ce fut la vraie passion ! Elle avait le nez crocheton, le regard un peu de traviole, des taches de rousseur sur les seins, vraiment rien pour elle, mais vicieuse comme t'as pas idée ! J'en étais dingue-fou !

On cause, comme ça ; dans le salon bleu (qu'Alban appelle la bibliothèque parce que traîne un livre de moi sur une table) en suçotant du crabe en boîte, du crabe russe qu'Alban se procure à très bon marché par l'entremise de Véra Varlope qui connaît un mec qui connaît… et cætera. Fut un temps, on bouffait du crabe japonais parce qu'elle connaissait un mec qui. Elle est imbattable sur le crabe, Véra. Sur d'autres trucs aussi. On en reparlera.

Notez que j'aurais mieux fait de rentrer directement rue Chalgrin où m'attendent tant de travaux urgents… des écritures… Pas plus tard qu'hier, j'ai bouclé un scénario que je vais essayer de vendre le plus cher possible. Ce n'est pas que l'anecdote soit estomaquante, mais c'est un truc pour star, je veux dire un truc avec de l'océan et des palmiers, du grand vent et des imbroglios. Un machin comme Conrad aurait pu écrire s'il n'avait pas décidé de devenir Conrad.

Je pourrais, c'est sûr, attendre qu'on me supplie de les raconter, mes histoires, qu'on me téléphone par exemple d'Hollywood, mais certains de mes confrères ont attendu si longtemps… parfois attendent encore… je préfère glisser ça hypocritement dans mes livres pour débusquer le chaland. Un peu comme si je proposais sur catalogue. Les temps deviennent si difficiles…

Promis à des rebondissements sous les cocotiers, mon scénario – qui pourrait s'appeler « Quelqu'un mourra dimanche à Tampico », comme ça ou autrement – débute en Aquitaine… ça commence même assez sournoisement… sur de luxueux tapis… dans du Louis XIII dit « de campagne »… avec des portraits de famille par des artistes de la famille. Dehors, le vignoble bordelais, Mauriac et la Garonne pas trop loin. Le genre d'endroit où rien de fâcheux ne peut arriver. En principe, bien sûr.

Soudain, dans la demeure patricienne des Laroche-Maillard (le cru Château-Laroche et les éditions Maillard) un coup de feu claque. Incongru. Choquant.

Un homme, un individu comme on dira et dont la police établira plus tard qu'il s'appelait Jaroslav Pozner, vient d'être abattu.

Première question que l'on peut (mais qu'il ne faut pas) se poser : que faisait-il ici, en pyjama, ce Pozner ? Certaines photos « embarrassantes » trouvées dans sa chambre sont immédiatement détruites puisqu'il est entendu une fois pour toutes qu'aucune des femmes de la famille ne peut avoir eu affaire, ni de près ni de loin, à un individu comme Pozner.

Deuxième question à ne pas se poser : qui a tiré ? Il est exclu, en tout cas, que ce soit Claudine. Pourquoi ? Eh bien parce que Claudine est l'épouse de Charles Laroche-Maillard et que Charles est sénateur-maire de la ville. Exclu également que ce soit Arlette, puisque la belle Arlette est la sœur de Claudine et que son mari est le professeur Bergelon, titulaire de la chaire de neurologie à la faculté de médecine de Lyon et auquel un certain ouvrage sur « Louis Destouche, médecin des pauvres » devrait normalement ouvrir les portes de l'Académie.

Alors, alors ? Alors pourquoi pas la vieille ? L'aïeule, comme chez les Dominici, bien qu'il s'agisse d'un tout autre univers. N'empêche que c'est une bonne idée, ça, l'aïeule ! À condition qu'elle disparaisse aussitôt, qu'elle n'ait pas le temps de raconter des bêtises comme il arrive souvent aux vieilles personnes.

Ceux qui parleront diront qu'un cambrioleur a pénétré dans la maison par effraction… que la vieille a pris peur… ce n'est pas le sénateur-maire ni l'illustre neurologue qui ont cette idée brillante, mais le commissaire Pesanti lui-même, un fonctionnaire très zélé dont le sénateur-maire a accéléré la carrière au moment des pénibles événements de l'O.A.S. Au cas où il aurait oublié cette époque, on se charge de la lui rappeler.

Il s'agit donc d'expédier la vieille en voyage… quelque chose comme un petit tour du monde… dans un an, dans deux ans, beaucoup d'eau aura passé sous les ponts de la Garonne. Sans compter, n'est-ce pas, qu'à l'âge d'Adélaïde, le pire est quand même à peu près sûr.

Le commissaire Pesanti alerte discrètement des « auxiliaires », lesquels véhiculent Adélaïde de Laroche-Maillard en direction de Saint-Jean-de-Luz.

Des gens pareils ne gambadent pas le nez au vent et, s'ils ont choisi Saint-Jean-de-Luz, c'est parce qu'il s'agit de mettre la main sur un certain Robert Monteillet, surnommé « le grand Bob », mainmise qui, contre toute attente, se révèle assez malaisée. Non seulement la police du port ne se montre pas très coopérative, mais, pour tout arranger, les amis du commissaire Pesanti apprennent que la goélette *Little Sister*, seul bien que Bob possède en ce monde, doit être vendue aux enchères l'après-midi même.

Officiellement, il s'agit d'amendes douanières non acquittées, mais des gens apparemment mieux informés affichent un sourire indulgent.

On finit par dénicher le grand Bob dans un bordel itinérant de l'arrière-pays où la taulière – ex-miss Sud-Ouest des sixties – lui manifeste grande amitié.

Stopper la vente aux enchères serait une aimable formalité pour les émissaires de la famille Laroche-Maillard… si Bob acceptait d'embarquer Adélaïde pour les Caraïbes. Marché apparemment simple.

Seulement voilà : le grand Bob ne veut rien savoir. Il en a sa claque de « la course », juge l'affaire merdique, invoque mille prétextes dont sa situation parfaitement enviable parmi les luronnes du littoral atlantique. Les amis du commissaire Pesanti ont, heureusement, des moyens de pression, par exemple : une demande à comparaître émanant de plusieurs gouvernements africains pour une affaire de trafic d'armes en Mauritanie, une autre pour une chasse au trésor au large de Chypre qui ne s'est pas bien terminée du tout pour les commanditaires, enfin un avis de recherche de la police panaméenne pour piraterie en haute mer. Les amis du commissaire ne plaisantent pas, ce sont des hommes qui parlent gravement de choses graves et surtout qui savent parfaitement à qui ils s'adressent.

Au fait, qui est « le grand Bob » ? Un skipper fabuleux, mais singulièrement en eau trouble. Un « tropical-tramp » sur le deuxième versant de sa carrière. Durant vingt années, il a frété de tout : des armes, des filles, de l'herbe, des Chinois, des gens qui fuyaient d'autres gens, des « droit commun », des « politique ». Il n'a jamais égaré sa cargaison. Parmi la faune navigante de Saint-Jean-de-Luz, tout le monde semble d'accord sur deux points : le marin est au-dessus de tout soupçon, le citoyen très en dessous.

Sous menace d'avoir à affronter les tribunaux macaques, aussi appâté par une énorme prime, enfin parce qu'il trouve là l'occasion inespérée de récupérer son bateau, Bob finit par céder : il amènera la vieille au bout du monde !

Le temps de négocier avec la douane et de purger les hypothèques sur *Little Sister*, il faut mettre Adélaïde à l'abri de la curiosité des journalistes. Mais où ? Bob suggère le bordel.

C'est évidemment la première fois de sa vie qu'Adélaïde de Laroche-Maillard pénètre dans un établissement de ce genre, et cette découverte l'enchante, le personnage de Bob également. Mais celui-ci se montre plus distant. Pour lui, Adélaïde est un colis d'un million de francs suisses, rien de moins, mais rien de plus.

À l'annonce du départ du « grand Bob », un chagrin délirant secoue le bobinard. L'ex-miss Sud-Ouest entend que cette nuit soit historique. On s'amuse bruyamment. Montrant qu'il n'a pas l'alcool naïf, monsieur Robert Monteillet saoule abominablement les émissaires du commissaire Pesanti, lesquels, à l'ultime palier de leur cuite, révèlent d'assez noirs desseins, à savoir : il serait souhaitable que la vieille ne revoie jamais Bordeaux… qu'elle se noie quelque part dans les Caraïbes… qu'elle s'évapore.

Bob n'est même pas surpris, c'est ce qu'il avait cru comprendre du début.

Étrangère au traquenard, tout entière à la fête, Adélaïde joue la *Marche turque* sur le piano-bastringue et refuse de se coucher.

À l'aube, *Little Sister* franchit la passe de Saint-Jean-de-Luz pour une destination hasardeuse. Bob, très embrumé, met le cap nord-ouest et branche le pilote automatique. Adélaïde fait chauffer le café.

À partir de quoi une très étrange – et très déconcertante – complicité va se nouer entre l'aventurier et l'aristocrate. Bob et Adélaïde vont découvrir un monde insoupçonné : celui de l'autre.

Aux antipodes sur le plan de l'éducation, de la morale, des rapports avec l'argent, ils ont cependant un vice en commun : le flambe.

Ils s'affrontent et s'injurient au long d'impitoyables parties de craps, de pull-nickel, de stud poker.

La vieille gagne et jubile. Finira-t-elle par empocher la totalité de la prime que Bob a touchée pour son « transport » ? Il vaudrait mieux pas.

Mais les parties de dés ou de cartes ne sont que les à-côtés d'un périple dont les escales antillaises constituent, bien évidemment, l'essentiel. À travers l'incroyable cosmopolitisme de ses relations (à la fois comme apparentée à un pinard prestigieux et comme doyenne de l'édition française), Adélaïde s'est mis en tête de marier le grand Bob. Elle lui enseigne à ferrer l'héritière avec autant d'astuce qu'il lui apprend à ferrer l'espadon.

Hélas, en même temps que séducteur aguerri, Bob se révèle célibataire roublard. Il abuse sans vergogne de la naïveté des prétendantes d'Adélaïde, prenant de solennels engagements, n'en tenant aucun, délaissant parfois la fille pour la mère : il se conduit assez ignoblement. Adélaïde n'a jamais vu ça !

Ses déconvenues de « marieuse » sont toutefois compensées par une veine insensée au jeu. Mais cette chance ne risque-t-elle pas de lui être fatale ? Bob commence à avoir les yeux drôlets, certains soirs, quand Adélaïde lui étouffe ses mises. Après tout, personne ne lui demanderait de comptes (au contraire) s'il rentrait un beau jour à Saint-Jean-de-Luz sans la vieille !

Or, un alibi se présente, unique, providentiel : le typhon « Candy » fonce à 180 kilomètres à l'heure à travers la mer des Antilles. Le lendemain, on comptera les disparus par dizaines. Qui s'étonnera de trouver sur cette liste une vieille femme incapable de fuir pareil cataclysme ?

Les mauvaises pensées qui commençaient à envahir le cerveau de Bob éclatent soudain en morceaux. Contre toute logique, non seulement il sauve la peau d'Adélaïde, mais au risque d'y laisser la sienne. La façon dont il traverse la tempête justifie tout ce que nous avons entendu dire de lui et en particulier ce surnom de « grand » Bob qui ne doit rien à ses mensurations mais à son art. Car il s'agit bien d'un art. Adélaïde est subjuguée. Ne quittant pas la barre, refusant toute nourriture, tout verre d'alcool, toute cigarette durant vingt-quatre heures, Bob « s'explique » avec Candy. Il injurie le typhon, le provoque, se colte avec.

Sans doute pour conjurer un sort qui lui paraît fatal, Adélaïde, à chaque coup de tabac, parie des sommes extravagantes sur l'anéantissement du bateau. Ainsi Bob regagne-t-il, lame après lame, tout ce qu'il avait perdu au flambe.

Et puis le calme. Mais peut-on appeler cela le calme ? Tandis qu'il répare son bateau et cicatrise ses propres plaies sous les palmes, chez de riches (elle ne connaît que ça) amis d'Adélaïde, Bob, sans doute encore un peu faiblard, se laisse prendre au piège de Kéo, infirmière d'autant plus bénévole qu'elle est propriétaire de l'île.

La frénésie matrimoniale d'Adélaïde atteint au paroxysme, quand bien même les deux amants se passent-ils allègrement de son patronage.

Mais le typhon Candy était un adversaire « relativement » meurtrier. Très relativement. Or, un après-midi, alors que Bob et Kéo traquent le barracuda dans le Gulf Stream, d'étranges squales remontent des profondeurs : les envoyés du commissaire Pesanti ont retrouvé la trace d'Adélaïde.

Quand le couple rentre de la pêche, Bob trouve la vieille électrocutée dans sa baignoire. Les policiers locaux sont déjà là.

« Accident », concluent-ils. Sans doute, à Bordeaux, se prépare-t-on à commander des robes noires ? « Accident », admet Bob avec une légèreté que tout le monde trouve choquante et qui paraît blesser profondément Kéo. Mais Bob remarque-t-il encore seulement qu'elle existe ? Ce qui existe pour lui désormais – et doit absolument cesser d'exister –, ce sont les assassins de la vieille.

Le temps d'appareiller, d'embarquer carabine et boîtes de cartouches... et la longue course commence à travers l'archipel. Elle se poursuivra jusqu'à la côte du Mexique, jusqu'à Tampico.

Ce ne sont plus les relations d'Adélaïde qui désormais sont utiles au grand Bob, mais les siennes. Aux gentils milliardaires des tropiques succèdent alors des personnages autrement douteux, tandis qu'au style colonial anglais se substitue un pittoresque beaucoup plus dangereux. C'est grâce à un réseau d'« amis à lui » que Bob, comme guidé par l'odeur du sang, remonte petit à petit la piste des assassins de la vieille qu'il chopera un à un, le dernier à Tampico. Il n'y aura aucun rescapé.

Et puis les jours passent...

Adélaïde est inhumée au milieu du vignoble dans la chapelle des Laroche-Maillard ; l'académicien est là, car, entre-temps, il a été élu... « là-bas » Kéo est sans nouvelles... À Antibes, le commissaire Pesanti, qui passait les vacances de Noël au soleil, est retrouvé électrocuté dans sa baignoire. « Accident », conclut-on.

« Là-bas », maintenant, c'est la saison des pluies. Un soir, sous les rafales, *Little Sister* reparaît dans la baie.

Le grand Bob vient récupérer Kéo. Mais, au fait, pour l'emmener où ?

C'est finalement lui qui restera.

J'halète. Récit et mimiques m'ont épuisé. Et pour la reconnaissance de qui ? Voilà qu'il n'a pas profité de ce déploiement pour ouvrir une autre boîte de crabe, l'Alban ! Le petit fantôme de Bébé Ziegler le taraude autrement que mes histoires sous le vent. Il crachote un bout de crabe en expliquant :

– Des sortes de dépresses « Nacht und Nebel » la secouaient secco depuis le départ de son mari. Elle se les offrait ici. Tiens ! là, dans le fauteuil où t'es ! Il s'appelait Salomon, le mari, dis donc ! Fourreur dans le Sentier, en plus ! Pas étonnant...

– Pas étonnant quoi ?

– Que les Fritz l'aient emballé par le premier fourgon. Si ça se trouve, quand elle venait grelotter ici, Bébé était déjà veuve.

Toujours sur ce ton-là, Alban. Il en agace certains. Personnellement, j'aime assez cette façon de parler par saccades, avec des gestes comme pour rattraper les mots. J'aime bien Alban, finalement. L'aurais-je sans cela introduit dans le cercle – ô combien fermé – du Grand Vizir ?

Quand, pour justifier ma visite, je disais qu'il habitait à côté (pas de Denfert-Rochereau, bien sûr, mais de la rue Chalgrin), j'aurais pu dire à deux pas... rue d'Argentine, voyez... au-dessus de ce bar dont l'enseigne en caractères cyrilliques rappelle les étiquettes de nos boîtes de crabe...... ce qui veut dire « L'Isba »... un petit rade aux lumières mourantes devant lequel des voitures passent extrêmement lentement... les demoiselles qui les pilotent semblent connaître assez bien les clients du bar qui, d'évidence, sont aussi les leurs. C'est en tout cas l'impression que ça donne. Toutes ces demoiselles tutoient Alban et certaines, croyant m'être agréables, tout en gardant les distances, m'appellent « monsieur Michel ». J'ai essayé de... Mais il n'y a rien à faire.

Alors qu'il désoriente, par son accoutrement et ses manières, la clientèle du Grand Vizir, Alban de Mérovie est à L'Isba exactement à sa place. Il promène, été comme hiver, un pardessus beige, négligemment jeté sur les épaules à la façon d'une cape, un taupé qu'il porte incliné sur l'œil droit et aussi, j'allais les oublier, des socquettes en grosse laine blanche tricotées main. L'allure d'un camelot du roi des années 36. Longtemps, je l'ai pris pour un espion.

Tu sais ce que je disais toujours à Bébé ? s'énerve-t-il en aspergeant son crabe de mayonnaise en tube. Je lui disais : « Quand on s'appelle Abigaël Ziegler, qu'on a le tarin que t'as, qu'on vit l'époque qu'on vit et qu'on a des sous, on rejoint les Rothschild aux Amériques. J'ai une filière.

– La filière Petiot ?

– Petiot est devenu Petiot lorsque la presse a parlé de Petiot ! En 43 on connaissait le réseau du docteur Eugène, point à la ligne ! Tu sais très bien que si l'on regarde les événements d'hier avec nos yeux d'aujourd'hui...

– On peut quand même essayer de remettre les pendules à l'heure.

– À l'heure allemande ? À l'heure d'été ? À l'heure où les lions vont boire ?

Quand il part dans les diversions, Alban m'horripile à l'extrême. Il le sait tellement bien qu'il bifurque de lui-même avec, il faut l'avouer, une certaine bonne grâce.

– Qu'est-ce que tu penses de ce crabe russe ? fait-il en raclant le fond de la boîte.

– Il est aqueux, je réponds.

– Tu préférais le japonais ?

– Pas toi ?

– Affirmatif ! Mais Véra dit qu'il faut varier... tout connaître...

On parle encore un petit moment du crabe japonais, puis, mais alors là beaucoup plus longuement, des seins de Véra, puis de ses fesses.

Un sujet inépuisable.

Le patron du Grand Vizir s'appelle monsieur Duclos. Il est de Rodez. Exprès. C'est un homme d'environ cent cinquante centilitres, avec des moustaches bleues et des talonnettes Wood-Mine. Un reporter est venu spécialement d'Italie pour le photographier. Il est là. Tout le monde le regarde. Tandis qu'il l'entraîne dehors, monsieur Dumas me lance l'info :

– L'enfoiré mondain est passé pour tes places de boxe !

Selon une terminologie ordinaire aux commensaux du Grand Vizir, enfoiré mondain désigne spécifiquement Wynn Cabot, ce qui ne vise nullement à convaincre, mais, tout au contraire, à démontrer combien, chez nous, la tradition l'emporte sur l'objectivité, car enfin, soyons honnêtes, à l'époque où Wynn a largué le Kid, il avait ses raisons. Au moins une. Elle est justement à la terrasse : c'est le jersey violet qui bâille dans un halo de soleil, un petit soleil blanc qui commencera de réchauffer les vitres vers onze heures. Avant de détaler aux vapeurs, chez l'Agnès du Faubourg, Adrienne secoue lentement sa torpeur devant un capuccino. Elle m'a sûrement aperçu, mais fait semblant de. À cause d'hier soir. Ça lui passera.

La clientèle ce matin paraît frileuse. Il y a de quoi, m'apprend-on. Les fous de la pioche s'en sont pris à cette ancienne brasserie dont les vétérans du quartier ont connu les chevaux, rue Dareau, vers le bas, mais tout de même du mauvais côté de la voie ferrée. Mauvais côté, ça veut dire le nôtre. Encore un peu et ce sera notre tour, puisque maintenant paraît n'y avoir plus de frein ! À cause du pavage ancien, du hangar en bois, on pensait que la brasserie serait préservée à jamais. Et puis voilà. Je comprends qu'on se soucie. « Je reviens tout de suite ! » a dit le patron aussitôt après qu'il m'a annoncé le passage de Wynn, en tirant dehors le Rital bardé de Leica, de Pentax et de mini-cassettes.

– Qui est-ce ? ai-je demandé à la patronne qui n'écoutait pas.

– Un journaliste de la *Gazetta del popolo*, m'a renseigné le militaire auquel je ne demandais rien.

– Vous n'êtes pas souvent à la caserne ! lui a fait remarquer Adrienne, décidément à cran.

Là-bas, sur l'illustre place, le patron se laisse à présent immortaliser au pied de l'illustre lion. Adossé au socle, il prend des poses. Les

Auvergnats enrichis deviennent plus arrogants que les émirs.

– Moi je dis que ça peut aider ! lance, au milieu de la tension générale, une espèce de naine en boléro de lapin, obligée de se hausser sur la pointe des pieds pour attraper son beaujolais sur le zinc.

– Aider à quoi, madame Praline ?

– L'Unesco alertée peut sauver nos trésors !

– Quels trésors, madame Praline ? Le bestiau sur la place ? Votre kiosque à journaux ? L'hôtel Moderna ? La statue du maréchal Leclerc ? Seriez-vous déjà sous l'empire des boissons, ma bonne ?

– Voyons, voyons, fait la patronne, ne vous énervez pas, cher maître, la journée ne fait que commencer.

– Je ne m'énerve pas, je mémorise ! Si vous tenez au prestige, je vais vous en rabattre ! Le quartier, mesdames, ne sera bientôt plus que cendres et décombres, mais soyons sérieux, décombres de quoi ? Nos monuments sont les plus atroces d'Europe !... Le salaud qui a lancé aux nues le clocher de Saint-Pierre de Montrouge avait déjà défié le ciel avec le Sacré-Cœur[1]... L'observatoire du parc Montsouris déshonore la capitale ! Quant au lion, ici présent, même les plus fervents amis des bêtes...

---

1. L'architecte Paul Abadie, mort, trop tard, en 1910.

– Vous dites ça parce que vous avez vos brûlures d'estomac, m'interrompt la patronne avec un flegme aveyronnais.

Cette paysanne devine tout. J'ai mes brûlures, c'est vrai. Sûrement à cause de ce crabe pourri ! Les fréquentations de Véra Varlope se dégradent inexplicablement.

L'autre, la naine, par contre, n'est peut-être pas si bête… Ce qu'elle a dit au sujet des périls… de l'Unesco… de la conscience universelle… ça pourrait très bien fonctionner !… À supposer qu'on s'érige en martyrs… qu'on mime l'holocauste… qu'on s'enfouisse, comme ça, tout le 14e, au fond des catacombes… qu'on se troglodyse… ce serait bien le diable que ne surgisse un écolo pétroleur pour vibrionner, enfourcher le dada, au besoin on pourrait ressortir les voitures de quat'saisons, imiter les « cris de la rue », faire dans l'ancien pour flatter. Si ça foirait malgré ça, ce serait signe qu'on n'intéresse vraiment plus personne. C'est possible, notez bien. Très possible. Nous sommes si loin de l'Opéra, du centre, si perdus tout au bout de la ville… parce qu'ensuite, hein, ça se gâte vite… Arcueil… Bourg-la-Reine… et après ça l'Afrique !… Si ça se trouve on est déjà rayés du cadastre.

– Tu sais la dernière ? Ça s'arrange !

De retour au zinc, le patron renoue avec ses névroses. À l'affût, dès l'aube, il aurait appris par les éboueurs que les Ponts & Chaussées entreposeraient des tonnes de nitro au fort de Montrouge, de quoi faire envoler tout le quartier d'un coup. Puis il revient à Wynn, brusquement :

– L'enfoiré mondain a dit que tes places seraient au contrôle. Un autre genre, dis donc, v'là qu'il roule à moto. Tu savais ça ?

– Il n'a rien dit d'autre ?

– Non.

– Même pas bonjour, groume Adrienne. Quand je pense... enfin, j'aime mieux me taire...

C'est préférable en effet. Mais, bon Dieu, élucidera-t-on jamais l'insondable mystère des accouplements imbéciles ? À l'époque, Adrienne s'emmerdait-elle déjà à ce point ? Le Kid était pourtant encore assez frais, tout à fait présentable. Alors ? Au Grand Vizir, où tout le monde savait, personne ne comprenait pourquoi Adrienne couchait avec Wynn Cabot. À l'en croire (mais les salades cueillies sur l'édredon du Moderna ne seraient-elles pas de ces antidotes à vocation ornementale, comme les aquarelles de bobinards ?) à l'en croire la chérie n'aurait cédé que dans l'intérêt du Kid, par devoir, uniquement. « Pour amadouer Wynn, tu comprends... qu'il manage mieux le Kid... Tu penses s'il en a profité, ce cochon ! » Cette version surprend d'autant plus que Wynn se fout éperdument des femmes. Au vrai, il se fout de tout, des bagnoles, de la bouffe, de la lutte des classes, du maillot jaune, du prix Goncourt, la seule chose qui le fasse bander c'est la boxe. La boxe et le fric.

Ne serait-ce pas ce cocktail, trop astucieusement dosé, qui, voilà deux ans, aurait propulsé l'arlequin un peu loin de ses bases ? On avait parlé de combats truqués, de parieurs vindicatifs. Bref, Wynn avait disparu du quartier depuis des semaines et bazardé à la sauvette, disait-on, l'immeuble de l'avenue Wagram.

Je l'ai retrouvé par hasard, par miracle même, puisque dans un de ces paysages à soleil où je ne migrate en principe jamais.

Qu'est-ce qui était le plus déconcertant ? Le fait de le retrouver là, ou son bermuda à fleurs jaunes ? Lorsque je suis tombé sur lui, en juillet dernier, Wynn louait des parasols et des matelas au bord d'une mer chic... l'Adriatique, je crois... c'est chic, l'Adriatique. Les yeux cachés derrière ses Ray-Ban, le sourire un peu las, il m'a parlé de Kid Forgeon, longuement, avec une amertume assez déroutante, comme si c'était lui le cocu. « Un abruti pareil, c'est pas courant, tu peux me croire, mais il frappait... le type qui frappe, c'est pas courant non plus... il avait vraiment la frite, ce con... un crochet très court, tu vois... court et sec... Il serait resté encore longtemps un des tout bons en Europe, si cette connasse ne lui avait pas ruiné la tête ! » Il était indubitablement question d'Adrienne. Dans l'esprit du vieux fripon, c'était moins les exploits d'alcôve qui avaient dévoyé son champion que ces rêvasseries malignes, ces sortes d'extases molles, en un mot cette douceur d'aimer qui constitue la nature même d'Adrienne. Il paraît que ça s'attrape. Dès lors embourbé dans le marécage des bons sentiments, le Kid avait perdu sa hargne, et sitôt qu'un battant s'humanise...

Au Grand Vizir, on dit beaucoup de sottises – surtout Adrienne – au sujet de Wynn. Je l'ai connu bien avant elle, depuis un sacré bail je peux dire, exactement depuis l'époque où il traînait dans les petits matins de la rue Mazarine et où Antoine Blondin me l'a présenté[1] ? Planté au bout du comptoir de « l'Alcazar », le cou rentré dans les épaules, triste comme un pélican, son chapeau – un feutre gris – rabattu sur ses lunettes à verres fumés, Wynn buvait de l'eau. Je ne l'ai jamais vu boire autre chose. Il a dit « salut » sans tendre la main, sans se décoller de son tabouret, ni rien, juste un sourire. Mais

1. Ce n'était pas la bonne heure, ni le bon endroit. Il faut se balader autour de vingt heures du côté de salles de boxe du faubourg Montmartre pour essayer de comprendre ce genre de type. Le Wynn des parties de poker ne compte en définitive pas, le pilier de bar non plus, pas davantage le baiseur de bonniches, Wynn commence à compter lorsqu'il passe le seuil d'un gymnase et, plus précisément, lorsqu'il appuie ses coudes aux cordes d'un ring où deux abrutis se correctionnent. Dès lors, il devient extrêmement savant.

dès qu'il sourit il a un charme inouï. Quelque chose éclaire alors son visage griffé, mais quoi ? Ce n'est tout de même pas la bonté.

Contre la nitro on devrait se prémunir ! dit mon ami Charmille qui est dans les assurances.

– Attendez voir le choc, dit la patronne, des photos de mon mari dans la presse transalpine.

– De cheval, glousse un imbécile.

– Ça, c'est intelligent, soupire madame Praline.

– Auf Wiedersehen ! lance le militaire en courant après l'autobus 26.

À dire n'importe quoi, c'est fou comme le temps passe. Jouant son rôle de cadran solaire pour le cas où l'on estimerait sa présence inutile, le lion commence à caresser de sa crinière le vélum du Grand Vizir. Cette ombre majestueuse pivotera tout au long de la journée pour mourir, comme chaque soir – les soirs d'été s'entend –, dans les vitres des voitures bloquées au feu du boulevard Saint-Jacques.

Véra Varlope gare sa petite auto pourrie devant la terrasse qu'Adrienne s'apprête à quitter. Elle est coûteusement de daim vêtue, ce matin, Véra Varlope : blouson, mocassins, jusqu'au petit galure sport daim vert bronze avivant sa tignasse rousse avec un certain bonheur.

– Pas fermé l'œil ! annonce-t-elle en tirant la chaise que j'avais poussée loin du guéridon au départ d'Adrienne pour que personne ne vienne plus m'emmerder. Justement je la regarde, Adrienne, traverser la rue en espérant vaguement qu'elle passe sous le 26 qui en a écrasé de moins pires. Mais ce ne sera pas encore pour cette fois.

– Ton copain, j'en ai une indigestion ! poursuit Véra.

– Moi, de ton crabe.

– Le japonais ?

– Le russe.

– Ah, évidemment, il vaut pas l'autre. Faudrait que je retrouve l'ancien mec…

– Qu'est-ce que Sévère a fait pour te couper le sommeil ?

J'interromps parce que si ça part sur les « anciens mecs »…

– Alors là, tiens-toi bien ! Tu sais que ce clown est à La Rochelle…

– Comment le saurais-je ?

– Mais si, mais si ! décrète-t-elle en tournant le sucre dans mon café avec, sans doute, le projet de le boire. Il est à La Rochelle avec le podium de RTL. Tu le sais d'autant mieux que tu lui as tartiné un sketch.

– Ah bon.

– Or, figure-toi, enchaîne-t-elle en sifflant comme prévu mon café, que ce forcené m'a téléphoné en PCV à deux heures du mat' et pour m'annoncer quoi ? Alors là, tiens-toi bien ! Pour m'annoncer que c'était fini.

– Ils ont dû enregistrer plus vite que prévu.

– Mais non ! Fini lui et moi !

– Ah bon.

– Ah bon, ah bon. C'est tout ce que tu trouves à dire ?

– Ton bon Sévère aurait-il appris des choses ? je demande, mais doucereux, voyez, sur les pointes.

– Ça veut dire quoi, ça ?

– Ton pourvoyeur en crabe…

– Tu me vois m'allonger pour une boîte de crabe ? Tu me prends pour Adrienne ?

Elle écoute la rue – le vacarme ensoleillé de la rue –, ratisse sa frange et rit.

– Au fait, où en êtes-vous ?

Ce pourrait être affectueux si ce n'était, pour qui la connaît, extraordinairement tordu : une manière de s'occuper de ce qui, non seulement, ne la regarde plus, mais ne l'a jamais regardée ! Elle soupire, contente d'elle, tire sur la fermeture de son blouson, et s'évente les seins avec son galure. Le bronzage de la Guadeloupe n'est pas encore effacé. Il demeure même l'unique trace de ce voyage dont ce bon Sévère espérait tant, trop peut-être. Mais aussi quelle idée ! Cette espérance en l'appoint exotique… changer de vie parce qu'on change de place… oh, et puis de toute façon, si ce genre d'entreprise avait dû réussir, c'eût été à l'exclusion préalable de toute mesquinerie. L'échec était prévisible simplement à leur façon d'envisager ce voyage. Lorsque Sévère disait : « Nous allons tout reprendre à zéro ! » il pensait, bien évidemment, à leur couple. Lorsque Véra disait : « Ce sera toujours ça de pris ! » elle pensait au soleil. Ils ont d'ailleurs eu un temps superbe. Elle est revenue le corps cuivré et lui couvert de cloques. À part ça, ils ont simplement cessé, durant quinze jours, de s'emmerder chez eux pour s'emmerder sur une plage. La veille du retour, Véra aurait enjambé le plagiste… et encore… elle peut très bien avoir inventé cet épisode pour nous divertir.

– Deux cafés ! lance-t-elle au garçon absorbé dans les traquenards d'une grille de loto à vingt-huit francs. Tu sais ce que tu devrais faire ? ajoute-t-elle en piochant dans mon paquet de Gauloises, tu devrais aller à La Rochelle et parler à mon bon Sévère.

– Lui parler de quoi ?

– Je ne supporte pas de le savoir malheureux.

– S'il ne l'était pas ?

– Il l'est toujours lorsqu'il dort seul.

– S'il ne dormait pas seul ?

J'agace, je sais. Mais après tout, chacun son tour.

– Vous désiriez quoi ? demande le garçon, bien opportunément je trouve.

– Deux express, dit Véra qui ajoute aussitôt : ne vous gênez pas, Camille ! parce que le regard de l'autre plonge carrément dans son blouson.

– Vous avez des nichons rares, remarque-t-il gravement.

– Parce que je suis bronzée, répond-elle avec une simplicité sympathique.

En d'autres temps, je veux dire avant que « le bruit approche », nous n'aurions d'évidence jamais toléré semblable effronterie, mais, comme dit le patron : « Quand on vit sur une poudrière... »

Le pavé du loufiat n'est tout de même pas tombé sur les pieds d'une ingrate. Semblable aux moineaux qui gonflent leurs plumes après s'être roulés dans le sable, la Varlope s'ébouriffe, s'avantage, se décuple dans un blouson soudain trop étroit.

– Plaquée par Sévère, ce serait le comble ! suffoque-t-elle. Tu imagines ça ?

Difficile à imaginer, j'accorde, mais pas incroyable... car enfin... ce petit bonhomme a quand même été marié deux fois... et Dora, sa seconde, dont, les soirs de détresse, il exhibe quelques polaroïds distrayants, Dora était belle.

– Je reconnais, poursuit Véra, car je suis honnête, moi, je reconnais que le temps n'est pas au beau fixe. Quand je l'ai conduit à la gare, on s'est engueulés tout du long. (Elle regarde à nouveau la rue en arrangeant sa frange.) À cause de mon disque.

– Merde ! Tu refais un disque ?

– Oui... enfin... peut-être...

Ô joli manège ! J'ai l'impression de reprendre une conversation d'il y a dix ans.

Incapable de me rappeler pourquoi j'y étais entré, je me souviens, comme si je venais d'en sortir, de cette espèce de dancing de Berlin-Ouest... dans Beethoven Strasse, je crois bien... un dancing qui n'était d'ailleurs pas un dancing au sens que nous lui donnons chez nous, ni un bar, ni un salon de thé... plutôt un mélange de tout ça...

Aujourd'hui encore, il m'arrive de siffler cette niaiserie qui éclatait dans le Wurlitzer, et où le prénom « Carol » revenait inlassablement. Étagés sur des colonnes en glaces, des petits spots clignotaient à une cadence folle dans une alternance de vert, de jaune et de blanc cru qui faisait mal aux yeux... et puis ce barman raide, laqué, sur fond pippermint... enfin la piste ovale, en linoléum, où une grande rousse à frange dansait avec une petite blonde qui avait l'air très bête. Vraiment très bête.

Deux entraîneuses ? J'ai d'abord cru. Dans le même ordre d'erreurs, je les ai imaginées Allemandes parce qu'elles s'exprimaient dans une langue que je ne comprenais pas. Bref ! Elles étaient Parisiennes comme toutes les Berlinoises que j'ai connues. Depuis la guerre, s'entend, car les Allemandes que l'on croisait à Paris entre 40 et 44 étaient effectivement Allemandes.

– Nous ne sommes pas des putes, cher monsieur, mais des jeunes femmes désœuvrées !

annonça la rousse à frange en s'asseyant sur mes genoux.

J'appris très vite la suite : l'idiote blonde trimballait, de ville en ville, un catalogue de parfums récupérés dans des faillites de salons de coiffure... *Frénésie*... *Shoking*... *Soir de Paris*. Ses affaires ne marchaient pas très fort. La grande rousse à frange accompagnait son mari, lequel « tournait » à travers la RFA avec une pièce d'Anouilh. Je l'ai sentie sur le point de me demander si j'avais entendu parler d'Anouilh, puis elle a mordillé le coin de sa bouche. Une façon de réfléchir que je lui ai vu refaire mille fois. L'idiote est allée mettre dix pfennigs dans le Wurlitzer, déclenchant un nouveau tintamarre. Le crooner se désespérait à présent au sujet d'une certaine Jézabel. J'ai demandé de quelle pièce d'Anouilh il s'agissait, comme ça, pour meubler. La grande rousse agitait sa frange et tambourinait du plat de la main sur son genou bronzé en regardant vers l'idiote. Elles avaient envie de danser. L'idiote a dit quelque chose en allemand, puis a ri.

Comment ont-elles deviné qu'elles commençaient à me faire chier ? La rousse à frange a cessé de taper sur son genou, m'a dit que la pièce s'appelait *Eurydice* et que son mari y était exécrable.

L'idiote se souvint alors d'un rendez-vous.

Dès que nous fûmes seuls, la rousse me fixa en plissant les paupières à la manière des experts en peinture.

– Vous, dit-elle, je vous ai déjà vu. Ne dites rien ! Laissez-moi chercher...

– Probablement à la télé, ai-je coupé, redoutant que cela s'éternise.

– Vous êtes dans la politique ?

– Quand même pas ! Je trafique dans le cinéma, c'est déjà beaucoup !

La tête un peu penchée, ses longs doigts entrecroisés serrant son genou, elle s'est balancée comme font les petites filles, mais cette petite fille-là gardait le regard froid.

– Moi, je chante, dit-elle. Je compose et je chante. Enfin... je compose. Mais j'ai failli chanter récemment !... Quand *Eurydice* est passé à Düsseldorf, j'ai rencontré l'ancien imprésario de Marlène Dietrich... Hans Meyerstein... un gros malin. Tenez-vous bien ! Il voulait absolument que j'enregistre un 45-tours ! Mes intonations lui rappelaient Marlène, certains de mes gestes aussi... Voyez, quand je fais ça...

Son index glissait lentement le long de sa joue, comme une larme, tandis qu'elle fermait les yeux.

– Ressemblance hallucinante, j'ai dit.

– Eh bien mon mari a piqué une vraie crise !

– Il n'aime pas Marlène ?

– Il l'adore ! Il a piqué une vraie crise à cause de Hans Meyerstein. Il avait peur que je me fasse baiser.

– Vous vous faites baiser de toute façon, non ?

– Heu… oui… enfin… c'est pas pareil.

Je devais être appelé, par la suite, à me familiariser avec les exercices de déculpabilisation de Véra Varlope.

Après la clientèle des crèmes, puis celle des œufs durs, c'est à présent celle des « plats du jour » qui s'abat sur le Grand Vizir. Les petits banlieusards qui bossent par chez nous – la plupart à l'imprimerie et dans les ateliers de la rue Froidevaux – disposent d'une heure pour bouffer et à dix-huit heures pile caracolent vers leurs lointains clapiers. Où iront-ils quand nous aurons explosé ? On lit parfois dans leurs yeux une immense incertitude.

– Tu sais ce qu'on devrait faire ? dit Véra. On devrait aller à Orly… on regarderait rouler les avions en se tapant des huîtres, comme tu aimes.

– Si on allait plutôt gare de Lyon, je propose. On se taperait des huîtres et tu prendrais le train pour La Rochelle.

Elle enfonce profond son petit galure en faisant « non » de la tête. Elle a fatalement proposé à Sévère de le rejoindre. Nous touchons à l'un de ces moments privilégiés de nos relations – pour le reste assez douteuses –, cette sorte de télépathie amusante (comme il existe une physique amusante) qui lui permet de couper à travers champs.

– Ce salaud m'a raccroché au nez !

On peut croire ça, on peut, on peut mais pas forcément. Pas forcément du tout ! mademoiselle Varlope est tout à fait capable d'inventer ça pour faire triste… pour « avoir du chagrin »… le syndrome polac !

Concernant « les Polognes » de Véra Varlope, encore faut-il s'entendre. C'est pas trop polonais, Varlope. Native de L'Haÿ-les-Roses, Véra prétend avoir hérité ses phantasmes d'un aïeul varsovien du nom de Prokosch, soi-disant premier violon (« Ma vocation vient de là ! » assure-t-elle) à la Cour de l'empereur Frédéric-Auguste. À l'issue des rudes événements de 1815, certains Prokosch auraient été contraints de persister dans l'archet mais en des lieux plus plébéiens, c'est-à-dire aux terrasses des limonadiers, avec le clébard et la sébile. Mais cette déchéance peut aussi faire partie « des tristesses ». Sait-on ?

– Cette petite bite, ce gnome, ce pitre, raccrochant au moment où je lui disais « Je t'aime » ! Tu imagines ça ?

Je cherche. Je voudrais bien trouver une explication rationnelle à pareille audace. J'ai pas le temps.

– Vise un peu l'autre salope ! (Véra me secoue, les yeux vrillés sur une contractuelle s'acheminant vers sa petite auto pourrie.) Viens, je t'emmène !

– À La Rochelle ? je me méfie.

– Aux Champs ! Je t'offre une petite croque et tu me paies une toile !

– Y a rien à voir.

– Y a pas un film de toi qui passe ?

– Y en a forcément toujours un qui passe, c'est pas pour ça qu'il est à voir.

– Tu préfères qu'on aille rue Chalgrin ?

Alors là, vraiment… c'est d'un goût ! Pourquoi « ressortir » la rue Chalgrin ? Pourquoi ? N'était-il pas admis, une fois pour toutes, qu'on s'était retrouvés cet après-midi-là – ça faisait plus d'un an – dans la « chambre espagnole » à cause de l'orage. S'il n'avait pas flotté, on serait restés dans le jardin anglais à causer. On ne peut pas dire que notre responsabilité était engagée… non, vraiment pas… ou alors si peu… en tout cas, pas la mienne… Je me souviens n'avoir joué, dans cet interlude, qu'un rôle déplorablement accessoire.

Je le joue, ce rôle, depuis si longtemps… depuis, je crois bien, cette lointaine journée où la petite Charlotte me prit par la main et m'entraîna derrière le square. Je me laisse entraîner, voilà !

– Pourquoi tu te marres ? s'étonne Véra.

Je ris parce que je suis content d'avoir trouvé l'explication : je me laisse entraîner. Comme Adrienne.

Il fait nuit à présent. Je ne vois pas bien ce qu'on fait à traîner dehors. Ce serait avec Véra, ou Adrienne, encore... bon... mais avec Alban ?

– Quand les « bulls » attaqueront par ici, ils mettront au jour des choses terrifiantes ! répète-t-il une fois de plus.

Lorsque nous arrivons à mi-hauteur des escaliers et que la baraque rose se découpe sur le ciel, c'est chaque fois le même malaise. À quoi tient-il ? À une certaine particularité du lieu, c'est certain... car nous sommes là dans un coin du 14e tout à fait excentrique, perdu de l'autre côté de la rue d'Alésia, en haut des escaliers grimpant aux réservoirs d'eau, derrière la rue des Artistes, loin des autobus, des boutiques à légumes, loin de tout... tellement loin que ce coin n'appartient pas vraiment au quartier. Plutôt un faubourg à part, un faubourg riche où il ne se passe rien d'intéressant et où il n'y aurait aucune raison de se rendre à moins d'y être appelé par des voix mystérieuses.

C'est le cas. Mais plus encore que la particularité réelle du lieu, n'y aurait-il pas l'idée qu'on s'en fait ? Le tragique dont il l'entoure n'entre-t-il pas pour beaucoup dans l'inquiétude qu'apporte à nos virées nocturnes ce qu'Alban appelle « le tombeau de Kiki » ?

– Des choses terrifiantes, tu verras...

Alban a le génie de l'étrange. Lui seul pourrait découvrir (ou inventer) un passé mélodramatique à cet hôtel Louis XIII planté en retrait d'une petite place en demi-lune, dont le souvenir reste lié à des émerveillements d'avant-guerre. C'est ici, sous les tilleuls alors malingres, qu'avec Bébert nous apprîmes le jeu absolument bouleversant du « doigt mouillé » en échange de cigarettes à bout doré, goût égyptien, qui épataient des fillettes depuis bien longtemps parties se faire épater de par le vaste monde.

L'hôtel Louis XIII, lui, demeure. Mais d'abord comprenons-nous. Notre quartier n'est pas le Marais et quand je dis l'hôtel Louis XIII... entendez plutôt un pavillon de briques roses « façon » Louis XIII, plutôt même « façon Viollet-le-Duc », un grand et triste et prétentieux pavillon à deux étages, le second mansardé avec, sur l'arrière (comme rue Chalgrin), un jardinet où un satyre moussu crachote dans une vasque, aussi une minuscule serre aux vitres éclatées par les viormes et les ronciers, car tout ici est à l'abandon. Mais alors totalement ! Et voilà ce qui, je crois (à la façon où, dans certains films américains, une indéfinissable inquiétude naît de ces baraques délabrées du vieux Sud) voilà ce qui angoisse : cet abandon, cette chute, ce lent pourrissement d'une demeure au vaste rez-de-chaussée conçu pour les réceptions, les fêtes, les valses blanches sous le lustre à cristaux. Au fait, comment ce lustre est-il encore là ? Par quel miracle n'a-t-il pas été démonté, embarqué ? D'autant qu'une des persiennes du rez-de-chaussée est restée entrouverte, une seule et depuis trente ans. Tout le reste est hermétiquement clos sous la rouille. Comment le lustre a-t-il été épargné ? Grâce aux barreaux ? Je crains que nous n'abordions là un second mystère plus déconcertant que le premier, car n'est-ce pas à partir d'ici que, dans l'esprit d'Alban, le cauchemar prend racine ? Pourquoi ces barreaux aux fenêtres ? Pourquoi ces soupiraux grillagés ?

Le lustre répand soudain sur les divertissements d'autrefois une lumière ambiguë, puisque l'hôtel aurait – il faut tout de même, à partir de là, employer le conditionnel – aurait, et ce depuis le début de l'Occupation, servi d'annexe à la clique Bony-Laffont-Danos, fleuron de la Gestapo française, dont on connaît plus communément l'établissement de bains de la rue Lauriston[1].

1. Méthodes spécifiques à la Gestapo française : les résistants,

Les nuits où, inévitablement, les hurlements montaient de derrière les grillages, les dormeurs d'à côté étaient-ils sourds ou prudents à l'extrême ? Sans doute préféraient-ils l'équivoque et mettaient-ils ces cris effrayants au compte de partouzes collaborationnistes. Mais, pour être tout à fait honnête, quand bien même eussent-ils sauté de leur lit, bien frémissants, que faire une fois debout ? Rien, madame, je vous affirme, absolument rien, que mourir connement en pyjama, sans que cette fin vaudevillesque soit du plus petit secours pour personne. Oh, je sais, je sais... « Y avait qu'à appeler un agent »... J'expliquerai un jour comment les choses se passaient alors. Un jour, si j'ai le temps.

– Kiki repose-t-elle dans le cellier ou sous les ronces ? interroge Alban.

Le « tombeau de Kiki » abriterait, selon lui, les os d'une demoiselle Jacqueline Peloux, dite Kiki, compagne longtemps famélique d'un peintre américain devenu, depuis, célèbre. Débarquant à Montparnasse (à une date mal choisie) avec l'espoir d'y rencontrer Matisse, il serait tombé, toujours d'après Alban, sur Kiki pelant un œuf dur au comptoir du « Dôme », un matin

---

ou supposés tels, étaient immergés dans l'eau glacée, à la limite de l'asphyxie et, le plus souvent, au-delà. Invitées du tortionnaire Laffont, d'adorables Parisiennes assistaient aux baignades. Enfin, c'est ce qu'on raconte.

de juin 40, alors que les Parisiens, quelques milliers de Belges et la moitié de la Hollande, déboulaient sur Perpignan. Coup de foudre fabuleux, décapant, clinique ! Le soir même, Kiki prenait la pose dans le minuscule atelier de la rue Delambre où l'Américain peignit, dès lors, un nu, un seul, variant la géométrie, les cadrages et les coloris à l'infini, somptueux cantique ne prenant fin qu'en mai 41, date à laquelle Kiki fut emballée par la Gestapo pour acte de « terrorisme ».

Elle fut soumise à la question au sous-sol de l'hôtel Louis XIII, derrière ces barreaux aujourd'hui enrubannés de liserons. Question dont tout laisse à supposer qu'elle demeura sans réponse, puisque nul ne revit jamais Kiki vivante, non plus que morte d'ailleurs. Son amant eut beau se présenter quotidiennement à la porte, supplier, menacer, ses démarches restèrent vaines. Le judas s'ouvrait, un homme souriait, le judas se refermait. Ceci jusqu'au jour où, vers la fin de l'année 42, l'Américain fut, bon gré mal gré, rapatrié par son ambassade pour ne revenir en France qu'après l'armistice. Il était devenu, entre-temps, l'un des chefs de file du cubisme expressionniste new-yorkais.

À peine débarqué, son premier geste fut l'acquisition de l'hôtel Louis XIII, alors sous séquestre. Il n'y passa guère plus de cinq minutes, ferma lui-même les persiennes, verrouilla la porte, mit la clé dans sa poche et reprit l'avion pour les États-Unis.

Lorsque la « Sécurité sociale » envisagea de bâtir dans le coin, les rongeurs s'enquirent naturellement du propriétaire de l'hôtel. Ils écrivirent, câblèrent, téléphonèrent et n'obtinrent aucune réponse. Des groupes immobiliers ont, depuis, entrepris mille démarches sans plus de résultats. Les choses en sont là. « Faut-il qu'un homme ait aimé une femme pour perdre à ce point le sens des affaires ! » déplore mon ami Charmille qui est dans les assurances. Cette manière de voir m'amuserait si je ne devinais l'Autre, là-bas, tellement indifférent à tout cela. Un chagrin qui ne veut pas guérir crée autour de soi une clôture barbelée et fait, paradoxalement, que vous n'êtes plus jamais seul. Je connais. L'Autre, là-bas, le sait bien aussi. Qu'il pérégrine dans le brouillard du monde, qu'il accroche ses toiles à des cimaises illustres, n'ajoute, ni ne retranche, rien à sa peine, puisque c'est ici, entre les murs nus de l'hôtel de briques roses, qu'agonise un peu plus chaque nuit ce frère américain.

Alban jure l'entendre errer dans les pièces vides. Je crois, moi, entendre autre chose. Lorsque, par la persienne mystérieusement entrebâillée, le vent agite les cristaux du lustre... faiblement... comme s'il caressait une harpe... monte dans le soir une bien étrange musique... une musique qui voudrait vous faire comprendre quelque chose... une sorte d'appel... comme si Kiki était la messagère d'autres ombres... de toutes ces ombres qui nous reprochent de continuer à vivre sans elles... d'aller tandis qu'elles ne marchent plus à nos côtés... de les trahir, en somme... c'est possible qu'elles aient « des droits » sur nous... moi je crois.

Je pense à cela (et aussi qu'il faudra que j'aille embrasser un de ces soirs la grosse Clodomir qui connaît si bien les secrets des morts) tandis qu'Alban me précède dans l'escalier abrupt plongeant sur l'avenue du Parc-Montsouris, dont le long tapis vert conduit au Grand Vizir.

Lui, Alban, pense à autre chose déjà. Il n'a pas que le goût du mystère, mais aussi celui des potins. Mon emploi du temps le tracasse toujours, sa question ne me surprend donc pas.

– J'ai téléphoné chez toi à midi, y avait personne. Où traînais-tu encore ?

– À Orly.

– Avec l'autre pomme ?

– Oui.

– Incroyable ! Y a vraiment des types...

J'ai intérêt à faire celui qui n'entend pas, comme j'ai intérêt à jouer jusqu'au bout la carte Orly, car si j'ai le malheur de parler de la rue Chalgrin... D'autant que, pour Orly, c'est vrai qu'on a hésité longtemps... On a même failli aller gare de Lyon, au buffet fameux... sous les fresques... Ça a tenu à rien... et puis on s'est retrouvés là-bas… c'est venu comme ça… de fil en aiguille… en roulant dans l'auto… l'enchaînement des idées…

– Qu'est-ce que tu prévois dans les temps à venir ? j'interroge, innocemment, comme on demande : « How do you do ? »

– Rien d'organisé.

– Tu peux donc très bien aller à La Rochelle.

– Je peux aussi ne pas y aller, répond-il pertinemment. J'opterai même pour cette solution, vu que je n'ai rien à y faire.

– Nous pensions que cela t'enchanterait.

– Eh bien, pas.

– C'est une ville très belle, très attachante, patrie de Réaumur.

– C'est une ville pleine de courants d'air où l'on attrape la mort.

– Ah bon.

Nous remontons l'avenue à présent, le long des gazons entourés de ciment, sous les lampadaires à sodium qui remplacent les réverbères vernis d'autrefois. Nous n'avons pas gagné au change.

– L'invitation ne tenant plus, fait Alban, puis-je savoir ce qui était censé m'enchanter dans ce déplacement en Charente-Maritime ?

– Pardon ?

– Tu as dit « Nous pensions que cela t'enchanterait ». Le « nous » désigne fatalement Varlope et toi. Mais l'enchantement ?

– Sévère est là-bas.

– Et c'est enchanteur, ça ?

– Il a annoncé à Véra sa décision de rompre.

– C'est déjà beaucoup plus drôle. Continue.

– Ce n'est pas drôle du tout ! À la seule idée d'avoir pu faire souffrir Sévère, Véra est bouleversée. Peut-être – même probablement – n'a-t-elle aucun tort, mais elle se culpabilise à plaisir, tu la connais aussi bien que moi.

– Non, pas aussi bien.

– Hier soir, quand nous parlions de son cul, tu avais pourtant l'air extrêmement documenté.

– Si je fais une fixation, car je reconnais bien volontiers faire une fixation, elle reste d'ordre purement esthétique (son œil droit clignote au ras de son taupé). Je n'en dirais pas autant de ton ami Charmille.

Ça, c'est la meilleure ! J'avais amené les fesses de Véra sur un plateau, comme on dit, espérant susciter une contrition imparfaite mais suffisante à entraîner un petit voyage. Au lieu de quoi, non seulement le pénitent regimbe, mais il polémique.

– Toi encore... tes activités intellectuelles, même fumeuses, autorisent certaines dérogations, mais Charmille... ce cloporte... comment as-tu pu livrer le corps étourdissant de Varlope à ce courtier d'assurances ?

La scène libertine – mais parfaitement saine – à laquelle il fait allusion, et que j'ai d'ailleurs mentionnée page 7, appartient au style d'historiette que l'on peut raconter à table chez n'importe qui. Un musulman pétrolissime, gros client de mon ami Charmille, s'étant rendu acquéreur, à l'issue d'enchères poussées, du lit d'apparat de Sarah Bernhardt et voulant l'assurer au plus haut prix, Charmille m'avait aimablement convié à venir admirer l'objet. L'invitation ayant été lancée au Grand Vizir où nous glandions, nous deux Varlope, devant deux crèmes, pourquoi priver la belle enfant de l'aubaine ? Le débarquement chez l'islamique – dont le pied-à-terre occidental dominait le Champ-de-Mars – avait d'abord revêtu un caractère diplomatique, voire chichiteux, mais l'insolite s'était instauré très vite. Je revois Véra étalée intégralement nue, en travers du lit de l'inoubliable Sarah. Comment était-elle tombée dans pareil excès ? Par association d'idées, je pense. Les anecdotes n'ayant pas manqué de fleurir autour du plumard mythique, la Polac avait viré dans les travaux pratiques, en proie à cette sorte de logique qui peut demain vous conduire à sauter sur un vélo au Salon du cycle. Livrée aux aléas de l'inspiration – parfois du génie – elle prit alors les poses les plus inattendues : classiques ou saugrenues, diablotines ou hébétées, souvent osées jusqu'à l'orientalisme, ou simplement cochonnes, la plupart inconcevables chez celle qui fut une Phèdre incomparable, et joua l'Aiglon sur une jambe. « C'est beau comme la Grèce ! » s'exaltait mon ami Charmille qui, bien qu'assureur conseil, dit souvent n'importe quoi.

Mais j'en ai vu – et d'un peu plus marles – s'exalter pour moins que ça. Pas par les yeux, par les oreilles. L'emprise érotique que Véra exerce sur les vieux chnoques est habituellement dialectique, essentiellement dialectique. Elle ne parle que de ça ou presque, oui, mais alors que la plupart des femmes manifestent en ce domaine une insupportable vulgarité, Véra poétise sur le clitoris et robinsonne sur le fion avec infiniment d'allant, on serait tenté de dire de lyrisme. C'est pourquoi je l'invite si souvent à déjeuner. Je ne m'ennuie jamais.

Avec madame Agnès non plus, certes.

Dieu sait pourtant que deux femmes plus dissemblables, ça n'existe pas. Vingt années les séparent… mais le reste, je crois, bien davantage encore… La culture, l'esprit, cette dérision que madame Agnès (je parle toujours de celle du faubourg, bien sûr) promène sur les choses, cette ironie envers elle-même, cette sûreté infaillible pour tendre la main à celui qui saura la distraire, quitte à chercher « le superflu » ailleurs. Véra n'est pas drôle, elle est polonaise. Mais à l'inverse de madame Agnès dont la dialectique pornographique ne s'exprime pleinement qu'à chaud, en direct comme disent les gens de la télé, les commentaires « différés » de Véra ont ceci de reposant qu'échappant à l'actualité, ils rendent tout remords caduc et, a fortiori, toute morale. Ainsi me rapporte-t-elle souvent des cabrioles d'avant Sévère, même de très longtemps avant, des aventures de l'extrême jeunesse, parfois des cochonneries d'avant le certificat d'études. Je lui dis que ça me fait bander, ce qui n'est pas toujours vrai, mais plutôt une façon de montrer que j'écoute, de manifester de l'intérêt. Si on ne prête pas attention à leur derrière, les dames vous prennent très vite en grippe.

Véra tire une époustouflante vanité d'avoir perdu sa virginité à douze ans.

C'est à Berlin – dans ce bar-salon de thé-dancing – qu'elle m'a raconté pour la première fois son aventure avec les frères Mallocène. Nous nous connaissions depuis une heure déjà, mais on ne se tutoyait pas encore, malgré qu'elle m'ait montré ses seins dans la cabine du téléphone. Ceux-ci m'avaient intéressé. Voilà bien encore un mystère : non seulement les seins de Véra Varlope stupéfient l'observateur, mais ils désorganisent la pensée.

– Je passais mes vacances à Rocamadour. C'était un été à abricots…

L'historique de son dépucelage commence toujours dans le style champêtre, une suite de sensations impressionnistes : la lumière diaprée de l'été sur les coteaux du Lot, les rayons du soleil à travers les feuilles, le parfum des mûres.

– Je me souviens de cet été-là, reprit-elle, comme je me souviens des zigzags des guêpes dans la cabane et de tout ce qui s'est passé dans la cabane, parce qu'il allait symboliser tous les étés de ma vie. Les chiens dormaient sur les marches, les enfants s'arrosaient dans les jardins et c'était un été à abricots. Plate comme la mer, une vigne surplombait la maison, à la façon d'une terrasse. Au bout de la vigne, la cabane dans laquelle nous entassions les sacs d'engrais, le Vermorel, les hottes, tout un bazar. Cette année-là, s'ajoutaient les clayettes d'abricots destinés aux confitures parce qu'on ne pouvait plus les bouffer tellement il y en avait. Les plus proches voisins de l'oncle Andrzej s'appelaient monsieur et madame Mallocène. Des pécores. Des vrais, ceux-là. Je dis des vrais pour marquer la différence avec Andrzej qui, lui, n'avait pas toujours habité Rocamadour. Loin de là, même ! Ancien cuirassier du régiment Cisowsky, il avait, en 39, chargé les panzers à la lance ! Après cette dinguerie – que tout le monde a vu aux actualités cinématographiques Pathé – je crains que le tonton n'ait un peu basculé du côté de chez Hitler, ce qui expliquerait sa cavale jusque dans le Lot en 45. Il racontait qu'il était rentré à pied de Poméranie. Il était blond, gigantesque, mentait comme un fou et parlait le patois d'oc avec l'accent de Cracovie. Je l'adorais parce qu'il détestait ma mère. Je vous parlerai de ma mère une autre fois. Tous les ans, à l'époque des vendanges, monsieur et madame Mallocène venaient prêter main-forte à l'oncle Andrzej. L'été 51, à cause probablement de l'envahissement des abricots, ils avaient amené leurs deux fils en renfort : quatorze et seize ans, rouquins tous les deux, pensionnaires au lycée de Cahors, virulents aux sports, nullards en études, avec ces beaux regards sérieux, un peu bornés, des gens de là-bas. C'est arrivé après le déjeuner. Nous longions le coteau, sous une chaleur blanche, tenant chacun une anse d'un panier débordant de fruits jaunes, quand l'aîné des Mallocène dit d'une grosse voix : « Si on allait se marrer dans la cabane ? » – Je m'entends encore répondre : « Je veux bien qu'on aille dans la cabane pour "faire ça", mais pas pour se marrer. » Vous devez penser qu'il fallait avoir le feu au derche pour dire des choses pareilles ? Eh bien, je n'avais le feu nulle part. Absolument nulle part. Je venais de décider de me faire dépuceler comme on décide d'acheter un chapeau. Je m'en sentais comme aérienne. Un peu plus tard, allongée sur les sacs d'engrais, le ventre à l'air, recommandant sans arrêt à l'aîné des Mallocène de « faire attention » – tout cela dans le bourdonnement continu des guêpes se cognant aux murs – j'ai dû, pour conclure, guider en moi cette grosse chose que l'enthousiasme égarait un peu. Il fallait vraiment vouloir que ça se fasse, mais je le voulais. Lorsque, enfin, ce fût fait, je demeurai étonnée que ce fut déjà fini, étonnée que c'eût été aussi simple. L'aîné des Mallocène, lui, contemplait son engin avec une gravité pathétique. « Eh ben, ma copine... », c'est tout ce qu'il trouvait à dire, sans que l'on sache trop s'il s'adressait à « elle » ou à moi. Et nous avons recommencé le lendemain, puis tous les autres jours, et ainsi de suite jusqu'à la fin des vacances qui se terminèrent à mon goût un peu tôt. De retour à Paris, je passai une année scolaire parfaitement chaste. Puis, la distribution des prix, les vacances, le retour à Rocamadour. La cabane aux guêpes. Les émerveillements de l'été. Nos jeux reprirent et comment donc ! Je revenais pour ça ! Et pas sans biscuit ! Encore plate à l'automne, j'avais pris, durant l'hiver, mais surtout au cours du printemps, ces seins que je viens de vous faire voir et qui ne sont pas nuls, n'est-ce pas ? L'aîné des Mallocène les remarqua, ce qui me fit plaisir, mais le cadet aussi, ce qui m'enchanta. Nous connûmes dès lors trois mois d'extraordinaire amitié, très folle et très tendre, une tendresse après laquelle, depuis lors, je cavale en vain. Chaque après-midi, je courais à la cabane où les Mallocène me rejoignaient. Chaudes et douces, leurs bites me pénétraient à tour de rôle et, pour ainsi dire, fraternellement.

Ils riaient en m'embrassant les épaules. C'était délicieux. Pas totalement innocent, bien sûr, mais délicieux. J'espérais que la vie continuerait comme ça et pourquoi pas tout le temps ? Par la lucarne au tamis crevé, j'apercevais le chapeau bleu de l'oncle Andrzej penché sur la vigne, les vols d'étourneaux, le soleil dans la dentelle des feuilles, et je pensais que c'étaient là de bien belles vacances.

De belles vacances qui remontent tout de même à quelques étés ! C'est sa petite musique, à Véra, je veux bien, mais lors du déjeuner, rue Chalgrin, le piano menteur jouait un autre air.

– Quand Sévère offrait de m'épouser, j'aurais dû accepter. Tu vois pas qu'il se fasse mettre le grappin par une grognasse et que je me retrouve à la rue ?

Bouleversante chez les petits vieux, assez visqueuse chez les adultes, la panique du lendemain prenait chez la grande chérie un caractère hautement cocasse. Au sortir d'un carnaval d'amants, voilà qu'elle chavirait dans le ménager.

– Pour le loyer, les assurances, le crédit auto, tout ça, qu'est-ce que je ferais ? Sans compter le quotidien…

À supposer que la grande pétoche de Véra soit justifiée, nous toucherions à l'ineffable. Mais peut-on espérer un tel revirement chez Sévère ? Un homme capable de rompre relève pour moi de la pure phénoménologie. Jamais je n'ai su, ni ne saurai. Je les traîne, c'est rien de le dire, mes ex ! D'insensées mémères surgissant des ténèbres dans les moments les plus imprévisibles, d'en dessous les tumulus, de derrière les fagots, avec des mômes, des chèques sans provision et des tonnes de malheurs. Ils ont souvent trente ans et plus, les mômes, vachement adultes, pères de famille et tout, mais traînant eux aussi des malheurs considérables. Ils me tombent généralement sur le poil à l'approche de Noël, ou les veilles de départ en vacances, les époques à changement de voiture. Ils se sont toujours procuré mon adresse par hasard. Des grands moustachus qui m'appellent monsieur, mais d'une façon pas nette, voyez, avec des reproches brouillasseux, des points de suspension, des phrases dans le genre : « Tout le monde n'a pas eu votre chance... » Quelle chance ? Probablement les cent dix films qui me laissent hagard et cousu de dettes ? Ou bien mes bouquins qu'on solde sur les quais ? Mais, en vérité, je suis là peut-être un peu de mauvaise foi, puisqu'un effarant snobisme me pousserait assez à écrire de vilains films que tout le monde courrait voir et de beaux livres que personne n'achèterait.

Sur le chapitre des héritiers illégitimes, mon bien cher ami Sévère n'est guère mieux loti, cerné de ténias qui le pompent sans arrêt, avec des tendances, eux aussi, à changer d'auto, à propulser les marmots sur les champs de neige, et à enrouler les connasses dans la fourrure. Il s'en débarrasse à coups de suggestions extasiantes : « Plutôt que d'acheter du lapin à ta femme, offre-lui du vison. C'est plus chaud et ça perd pas ses poils. » C'est moi qui lui ai enseigné ce procédé de surenchère. « Crois-moi, gamin, prends donc une BMW plutôt qu'une 2 CV. C'est vachement plus confortable. » Les petits cons gambergent, compulsent les dépliants, les fêtes passent, on cause d'autre chose.

Les enfants naturels et le cul de Véra font partie des choses qui nous unissent, Sévère et moi. Je ne pense pas que je continuerais de m'intéresser très longtemps à Véra si elle se séparait de Sévère.

Alban de Mérovie me le reproche quelquefois, ce soir notamment.

– Tu veilles sur Sévère pour justifier Véra, tu veilles sur le Kid pour justifier Adrienne.

– Que n'as-tu veillé davantage sur Salomon pour justifier Bébé...

– Tais-toi ! souffle-t-il. C'est le remords de ma vie !

Je ne pensais pas le contrer, jamais. Mais on le devine, quoique entamé, encore très performant.

– Salomon m'a crucifié en truquant le répertoire ! plaide-t-il dans une envolée d'assises quelque peu, je trouve, excessive. Mais comment comprendrais-tu ? Un cocu quittant la scène du Palais-Royal pour celle d'Auschwitz franchit les limites du hors-jeu, off side, comme disent les

Anglais. Du caleçon à pois au pyjama à rayures, le changement, crois-moi, dépasse les caprices de la mode. Si je dis que tu ne peux pas comprendre, c'est parce que tu n'as jamais connu que de paisibles cocus parisiens, affligés mais courtois, poussant l'éducation jusqu'à prendre le cas échéant une maîtresse, ou encore, mais alors là vraiment pour se rendre intéressants, à avaler un demi-tube de gardénal. Le cocu talmudique, lui, ouvre en grand le robinet de l'Histoire et te fait bouffer de la cendre ! C'est l'Épouvantable ! Épouvantable parce qu'il t'écrit « Caïn » sur le front en lettres de sang en dramatisant a posteriori une situation a priori banale. Car enfin, bordel de merde, je l'aurais aussi bien tringlée sous le Front populaire, moi, l'Abigaëlle ! J'ai pas choisi l'époque !

Même au sujet de crabe en boîte, je l'ai jamais connu aussi convulsif, s'accrochant à moi, postillonnant, vraiment dans tous ses états.

– Je l'aurais sautée pendant le carême, pendant le ramadan, pendant le Kippour, en pleines Pâques russes ! J'en avais que foutre, moi, des « circonstances » !

– N'empêche que Salomon a été emballé bien opportunément.

– Répète un peu !

– T'esquintes mes revers ! j'hurle.

Voilà qu'on s'agrippe comme des loulous, dites donc ! Lui soixante-trois piges, moi cinquante-neuf. Un soir, comme on y va, on sortira les Opinel. Ça finira à coups de chaînes de vélo.

– Eh bien, eh bien ! graillonne quelqu'un tout près de nous dans la nuit. On dirait qu'on se chicore ?

La voix m'est familière. C'est celle du brigadier Monod, du commissariat de la rue Sarrette. Lui et moi bavardons souvent aux coins des rues, de choses et d'autres. Il adore mes films où Belmondo joue les flics assassins. Son goût profond serait que les poulets tirent tout le temps, comme les shérifs de l'Ouest. Sa phobie : l'abolition de la peine de mort. Il a l'impression qu'on le nargue. Il est pour les milices encadrées, des patrouilles de locataires armés de battes de base-ball qui assainiraient les grands ensembles sous la férule de chefs « responsables ». Des services de nettoiement musclés, rien de plus. C'est pas un sauvage.

Le brigadier avance à présent dans un cercle de lumière orangée, en plein sous le globe du réverbère. Tant que, dans la zone d'ombre, sa silhouette demeurait énorme, menaçante, maintenant qu'auréolée par l'EDF, c'est un pépère courtaud, l'œil cocker, ouvert aux tracasseries de l'intellect. Un autre homme. On serait tenté de dire : le vrai, si le vrai, hélas ! n'était l'autre.

– Madame Monod vient de terminer votre dernier livre, cher Maître. Elle trouve qu'il y a de beaux passages, mais juge l'ensemble un peu tristounet.

– Sans doute l'étais-je en écrivant, brigadier.

– Les flics nous font chier ! dit Alban.

– Je m'adresse au Maître, répond le brigadier qui poursuit en lui tournant le dos : pareille morosité sidère, car, enfin, comme dit madame Monod : « Vous êtes invité à Cannes, vous baisez toutes les starlettes, même, si ça vous chante, américaines, vous passez à la télé, vous faites du vélo. » C'est pas le bonheur, ça ?

– C'est le bonheur, brigadier.

– Alors ?

Ce n'est pas la première fois, ni la dernière sans doute, qu'il s'interroge à mon sujet. Mon inaptitude à la frénésie le déconcerte et mes écrits le désappointent. Me prêtant un savoir encyclopédique et un souffle en rapport, le brigadier et madame attendent depuis longtemps « un fort volume », façon fresque, un panorama de la société française, avec, si possible, des émeutes, de préférence réprimées. Car ces gens-là lisent, n'allez pas croire. Ils lisent même trop. Trop en ce sens que le suc qu'ils tirent de leur lecture suractive leur paranoïa. Ainsi, orientant les projecteurs selon ses goûts, le brigadier n'hésite-t-il pas à reléguer Jean Valjean au rang de larron épisodique et à ramener du même coup *Les Misérables* à leur rôle « initial » d'apologie de l'inspecteur Javert.

Mais le procédé se révèle plus spectaculaire encore, qui le conduit à précipiter Fabrice aux oubliettes pour faire du nauséeux maton Fabio Conti le héros de *La Chartreuse de Parme*.

La tendresse que m'inspire le brigadier Monod atteint l'extrême passion les jours où la République déploie ses fastes et jette, sur l'épaule gauche de ses gardiens, la glorieuse fourragère de la Légion d'honneur. « Voilà les braves ! » doivent se dire les enfants des écoles. Eh bien, les enfants des écoles ne doivent pas se dire ça plus longtemps, et je vais leur expliquer pourquoi. J'aurais préféré ne pas, mais le hasard m'y pousse.

Mes amis – les autres ne me lisent pas – auront, je suis sûr, apprécié ce soin constant d'éviter, jusqu'ici, mes habituelles allusions à l'époque 40 et la suite, les souvenirs de mauvais goût, les bignolages... même au sujet du pavillon Louis XIII, j'ai préféré glisser... pas tellement par discrétion, plutôt, je crois, par crainte de paraître bien vieux. Car enfin, qui ces choses intéressent-elles encore ? Les principaux témoins sont morts... ou au Venezuela... ou, comme moi, rancuniers... J'évoque avec de moins en moins d'allant... Je dois avoir eu tellement de chance – comme ils disent – que je me retrouve écrasé dessous. J'émerge à peine. Et c'est très bien comme ça. La haine tient chaud et je suis frileux. En dehors de l'indispensable guignol (les interviews, les affiches, la télé) je vis à présent très en retrait : un peu de musique, un peu de dames, un peu d'écriture, c'est bien suffisant j'estime. Un jour, je supprimerai la musique.

Tout ça pour dire...

Mais revenons-en au brigadier Monod et à sa fourragère. Si la police parisienne se vit décerner la Légion d'honneur lors de la Libération, ce fut, forcément, pour l'avoir méritée au cours des années précédentes. Mais qu'est-ce que j'entends ? Qui est-ce qui rit au fond de la classe ? Personne ? Dommage, dommage, car tout ceci est extrêmement farce. Mais peut-être, afin que vous sachiez combien vos papa et maman vous ont berlurés, oui peut-être conviendrait-il, chers petits, que l'on vous affranchisse, au moins en partie, car les choses – telles qu'elles se sont réellement déroulées entre 1940 et 1944 – ces choses-là, voyez-vous, sont irracontables. Oh, je sais les images pieuses qui ont bercé vos croyances : monsieur Résistant, monsieur Maquisard, madame Frémissante, mademoiselle Swing, tout ce petit monde, grenade en sautoir, plastic dans le sac à main, faisant exploser les Kommandanturs. Sans doute ces extravagants ont-ils effectivement existé, vécu quelque part, mais à quelle époque ? Sur quelle planète ? N'ayant pas quitté Paris de toutes ces vertes années, si on avait fait sauter le bazar, j'aurais forcément un jour ou l'autre entendu quelque chose. Eh bien rien. Absolument rien. Je veux dire dans le genre déflagrant. Car, pour le reste, j'en ai entendu. Les gens n'ont jamais autant parlé aux gens, je crois bien, que durant ces quatre années. Tout les passionnait : le déblocage des salsifis, une distribution de rutabagas, l'attribution d'un litron de rouge. La ruée pour cent grammes de margarine ! L'hallali pour un hareng ! Alors mettez-vous à la place des gens (je parle des petites gens, les autres m'indiffèrent), comment ne pas se tenir à l'affût des « arrivages »... des moindres petites extases à venir... des tendances du marché... des choses de la vie en somme...

Les choses de la mort, elles, allaient bon train, encore que sans bruit. Un matin, quelqu'un disparaissait... comme ça... On revoyait plus monsieur Machin avec qui, la veille encore, on tapait la belote entre deux alertes. On se disait « Tiens ! Il a dû filer au ravito chez des parents de province ». Et puis les jours passaient, et puis c'était quelqu'un d'autre qui ne venait plus s'asseoir autour du tapis Cinzano et puis quelqu'un encore. On s'habituait. On se fait à tout. Ce n'est que beaucoup plus tard, bien après la Libé, bien après l'armistice, qu'on a entendu parler des chambres à gaz. À l'époque, personne ne se doutait. On est toujours un peu à la traîne.

Personnellement, je faisais sévèrement gaffe, mais alors à tout ! Aux gentils amis de la belote, aux voisins qui faisaient la queue chez l'épicier, même aux petits mômes qui me demandaient l'heure, aussi, dans le métro, aux pépères qui s'informaient si je descendais à la prochaine. Surtout à ceux-là. Parce que c'était luciférien, le métro. Dans les longs couloirs de correspondance où, de nos jours, jouent les petits orchestres et s'agitent les couteaux, c'était là qu'on se faisait le plus souvent faire aux pattes. Un gardien de la paix en pèlerine, l'air bonasse, bon papa (style Monod), vous demandait vos papiers. Pour peu que vous ayez l'âge du S.T.O.[1] ou un nom un peu varsovien, d'autres pèlerines vous dégringolaient sur la soie et vous emballaient plutôt vite ! Le panier à salade attendait en surface, dans lequel on vous entassait à coups de lattes !

Les voyageurs partaient alors pour des destinations extrêmement inconnues. Les feldgendarmes regardaient leur bouillants collègues français faire « leur devoir », se gardant hypocritement d'intervenir. Qu'en pensaient-ils ? Mais pensaient-ils ? Parce que nous, autant l'avouer, on ne pensait plus. Trop fatigués. Le froid... la faim... car, durant ces quatre années, si personne n'est mort de honte, beaucoup ont failli mourir de faim.

Un régime totalitaire devient tout à fait exécrable lorsqu'il se complique d'un régime

1. Service du travail obligatoire.

alimentaire. Ça fait trop. Il fallait se défendre, comme disent les demoiselles ! C'est pourquoi, n'ayant pas le privilège d'opérer dans le marché noir, d'exporter des métaux non ferreux, de construire le mur de l'Atlantique, ni de dîner chez les Abetz[1], pour subsister, nous autres (je parle des enfants du 14e), on volait des vélos. Des cycles pas trop pimpants qu'on échangeait contre de la margarine, des godasses à semelles « compensées », ou des Gauloises détournées par les travailleurs de la Régie. Tout le monde volait un petit peu. C'était la guerre.

Je ne devrais peut-être pas raconter l'histoire des chats ?

Mais au point où nous en sommes, je ne vois pas pourquoi les chats seraient plus dérangeants que les vélos. Alors voilà : vers la fin de l'hiver 42, après la neige et tout ça, il fallut bien conclure à l'évidence : on croisait de moins en moins de matous dans le quartier. La plupart avaient sauté, fallait croire, des gouttières dans les casseroles. De prétendus gourmets soutiennent effrontément que la chair de minet défie – une fois marinée – celle du lapin.

Propagande mensongère. C'est fadasse, le miaou, c'est farineux. Tout pareil à son ennemi le rat. Ce qui se révèle tout à fait excellent, alors

1. Otto Abetz, ambassadeur d'Allemagne à Paris. Assez volontiers protecteur des lettres et des arts.

ça oui, c'est le chien. Le petit clébard d'en dessous de six mois. Merveille, merveille. Ce rude hiver fut un holocauste auquel peu de teckels et de chihuahuas survécurent. Aujourd'hui encore, chaque fois qu'une de ces créatures me tombe sous la main – dans les raouts Gallimard entre autres –, tandis que je les caresse je ne résiste pas à les soupeser. Les dames du Femina, qui s'attendrissent, se méprennent quant à la nature de mes émotions.

Revenons à Raminagrobis : alors que le félin semblait disparu à jamais de nos savanes, un chuchotis se répandit en ville selon lequel les jardins du Palais-Royal regorgeaient d'angoras, de siamois, de persans, et même d'espèces communes. Après repérage, le safari eut lieu le soir même, mais ce ne fut que 48 heures plus tard que le malaise s'installa ; lorsque nous lûmes dans un quotidien du matin (*Révolution nationale*, je crois) que l'illustre madame Colette s'angoissait de la disparition de ses matous bien-aimés, ceux-là mêmes qu'on apercevait sur la photo illustrant l'article. Aujourd'hui, alors que je me nourris normalement, j'avoue ma désolation (mais si, mais si !) d'avoir bouffé, au temps de la grande disette, les greffiers de l'admirable auteur de *La Chatte*. Mon Dieu, quelle horreur !

À remâcher ce que furent ces heures, reviennent en mémoire tant de choses plus horribles… Les affiches rouges, les étoiles jaunes, les poèmes d'Aragon, la gueule de Darnand, la rafle du 15 juillet 1942… Mais pourquoi, après un tel raz de marée, la rafle dite du « Vél' d'Hiv' » demeure-t-elle sur la plage nettoyée, comme un galet particulièrement noir ? Le nombre inusité de malheureux pris dans la nasse ? Sans doute. Mais je pense aussi : l'extravagance de l'endroit, le contenant en somme, autant que le contenu. Ce glorieux vélodrome à la piste blonde, ce vieux et chaleureux et gai théâtre des Six Jours de Paris… Voilà que des épouvanteurs le transformaient en cage ! Et encore ignorait-on que cette abomination n'était que relative en regard de ce qui allait suivre. Jamais ce que la guerre peut avoir d'avilissant, jamais ce que la force peut avoir d'imbécile, ne m'est apparu aussi caricaturalement qu'à travers cette effrayante mutation d'un temple de l'exubérance populaire en antichambre de la mort. Mais Munich n'était-elle pas déjà la sœur dévoyée d'Olympie ?

Des esprits benoîts – ou feignant de l'être – posent souvent de benoîtes questions : célébrant en pays occupé un mémorable cycle Beethoven, le philarmonique de Wilhem Furtwangler étouffait-il les salves du mont Valérien ? Les « Mouches » – résistantes, disait-on – de Sartre exorcisaient-elles celles des charniers ? Comment démêler un tel écheveau ? Question subsidiaire : les historiens, à part Manceron, sont-ils sincères ? Oui, sans doute, à part Manceron. Alors pourquoi, lorsqu'ils évoquent la capitale en disgrâce, donnent-ils toujours l'impression de parler d'un autre temps ? D'une autre ville ? Ni debout, ni couché, le Paris que j'ai connu… ni trop combattant ni vraiment larvaire… simplement triste comme les larmes dans les yeux des enfants… ce malheureux Paris s'éteignant à l'heure du couvre-feu… les arcades de Rivoli ne résonnant plus, minuit passé, que du pas des patrouilles sous les globes bleu de méthylène… Pauvre ville… pauvres gens… je répète : quand je dis les gens, ça veut dire les petites gens, toujours… D'ailleurs les autres étaient-ils encore vraiment parisiens, ces sortes de Turcs bouffant chez Maxim's avec Joanovici, Laffont, Abel Danos et leurs dames, amalgame de duchesses bidon et de clowns sanglants… Parfois le téléphone sonnait… une urgence rue Lauriston… On gardait au chaud les ortolans de ces messieurs… curieux noceurs… Savaient-ils qu'ils mourraient bientôt ? Pas sûr.

Pourquoi, penseront les super-vitaminés d'aujourd'hui, pourquoi n'emplafonnait-on pas ces hideux… Nous étions très fatigués, je répète. À cela, ajoutez peut-être aussi dans notre cas l'insouciance de la jeunesse. Pour ma part, j'usinais davantage du mollet que du ciboulot, alors. Je portais des journaux à vélo (on ne les fourguait pas tous, les cycles enchantés, à cause des locomotions bien hasardeuses), des journaux dont je prenais livraison dans une officine pleine de suie perdue au fond d'une cour de la rue de Maubeuge, tout là-haut vers les gares. Des journaux tchèques aux titres imprononçables que les kiosquiers me rendaient au voyage d'après, sans même avoir fait semblant de défaire l'emballage. Je n'ai pas souvenir d'un seul exemplaire vendu. Pourtant, on continuait de les distribuer, de les facturer, rue de Maubeuge, très sérieusement. Pour qui ? Pour quoi ? On se demande. À propos de quantités de choses comme ça, on se demande encore à quoi elles servaient. Vichy par exemple. Hein ? Ça servait à quoi, Vichy ? L'hôtel du Parc... les parterres d'hortensias... les petites fontaines... le Sporting... les bancs sous les tilleuls... et un vieillard qui se promenait là-dedans. Vu de Paris, ça donnait l'impression d'une opérette de Meilhac et Halévy. On a jugé Pétain comme s'il avait réellement existé : c'est comme si on avait condamné à mort la grande-duchesse de Gérolstein.

En accolant les figures hautes en couleur du Maréchal et de la grand-duchesse, je réalise combien ce parallèle, aujourd'hui anodin, eût été, à l'époque, récrié. En effet, le juif Offenbach – que l'on traitait de Boche en

1870 – n'était plus du tout au goût du jour. Rouget de Lisle non plus, pour d'autres raisons. Mais les remplaçants ne manquaient pas. Car si *Maréchal, nous voilà !* martelait les ondes, ne s'en donnait-on pas à cœur joie dans tous les camps ?... *Le Chant des partisans... Lili Marleen...* à tel point, voyez-vous, que c'en est à se demander si nos écoliers ne devraient pas, plutôt que les traités et les dates, compiler l'histoire de la chanson à travers les âges ? Ne capteraient-ils pas plus subtilement ces parfums d'époque à travers ce chapelet de musique, cette guirlande de voix s'enroulant, se déroulant, s'enroulant encore – ainsi depuis les troubadours – comme une écharpe du passé ? Et pas n'importe lequel : celui des rues, les rues où crient les gens, depuis toujours.

Si l'on accepte un tel schéma, le Paris des horreurs reste, pour quelques-uns d'entre nous, indissociable d'une silhouette noire et frêle qui symbolisait assez bien la ville, finalement. Hâve, les joues mangées par les yeux, un peu boscotte – mais des mains sublimes –, la petite dame à la voix déchiquetante demeure collée au tragique du temps. Quand Édith (qu'on appelait encore la môme Piaf) entrait en scène, on avait chaque fois l'impression qu'elle venait de paumer ses tickets de pain. Et cette voix, bon Dieu ! On n'avait rien entendu de pareil, jamais ! C'était beaucoup plus qu'une voix, plutôt quelque chose comme une plainte née dans les rues d'avant, et qui retombait dans les rues d'alors, un truc parti de très loin, peut-être de la grande peur de l'an mil, et qui revenait nous rappeler les misères.

Frileux héréditaire – un peu bonniche –, je me suis toujours fait cueillir à la romance du trottoir... « Le ciel est bleu, la mer est verte »... On peut juger cela consternant, comme on peut s'en bercer des heures et des heures... D'autres refrains encore, d'accordéon ou de barbarie, qui ressuscitent parfois des années après... à des occasions... pour peu qu'un disc-jockey se souvienne de l'anniversaire d'une personne... Fréhel, Solidor, Piaf ou moins célèbre... les petits airs reviennent chez les marchands... *La Fille sans cœur*, par exemple... peut-être certains se rappellent ? Une complainte puissamment iodée que chantaient, aux alentours des années 50, deux chaloupeurs en col roulé noir.

> « Tout le monde s'en fout, y'a du bonheur.
> Y a un bal chez Rita la Blonde. »

Quel pied ! On s'est passé et repassé ce truc, des nuits entières, chez Véra, au milieu des boîtes de crabe.

À la fin des fins, les dames sont friandes de canailleries. Même madame Agnès pourtant si cultivée. Attention cependant ! Les goûts d'Agnès sont nettement orientés vers les chanteurs d'aujourd'hui, elle accepte de se souvenir des anciens, mais quasiment sous la torture... et encore... en faisant semblant de chercher les noms, de pressurer sa mémoire... « Damia, tu dis ? Attends un peu... je crois avoir lu quelque chose sur elle dans un vieux numéro de *L'Illustration* ! » Pareil pour Milton, pour Reda Caire, pour Lys Gauty. Elle n'admet avoir connu que vraiment contrainte, devant un géant contemporain... Tino Rossi par exemple... mais alors seulement le Tino d'après-guerre, celui de *Méditerranée*, à aucun prix celui de *Guitare d'amour* !

Ces simagrées font partie d'une politique de sauvegarde, comme les onguents, les crèmes miracles, les bains mystérieux qu'elle va prendre à l'étranger, les printaniers séjours en clinique d'où elle revient le ventre plat et les fesses lisses, aux trois quarts vierge.

Héroïque dans bien des domaines, Agnès ne craint pas la mort. C'est vieillir qu'elle veut pas. Alors, inutile de l'inviter à valser à l'envers. Même Hitler ne lui rappelle rien. Elle m'agace des fois à me faire répéter des noms comme Jules Ladoumègue[1], Paul Doumer[2], comme si

1. Célèbre coureur à pied des années 30.

2. Président de la République assassiné à Paris en 31.

j'évoquais des Mérovingiens. Heureusement j'ai des repères : quand je l'ai vue la première fois, madame Agnès en était déjà à son troisième divorce. C'était aux obsèques de Louis Jouvet... De Louis Jouvet ou de Christian Bérard... je ne voudrais pas dire de bêtises... en tout cas dans ces années-là.

Les silhouettes côtoyées dans les cimetières sont habituellement opaques et je ne comprends pas pourquoi j'ai remarqué Agnès. Sans doute était-elle remarquable ? Mais qu'elle le demeure ne l'empêche pas d'avoir mon âge ! Elle est d'octobre 1923 ! Quand on lui dit ça : « T'es de 23 », elle regarde autour d'elle, curieuse de voir à qui on cause. Mais ce n'est pas grave, Agnès et moi, rien n'arrivera à nous fâcher, on voit trop les choses pareil, toutes les choses pour ainsi dire. Pourtant, nous ne dormons plus ensemble depuis quinze ans déjà... ou alors dans son prieuré de Valmondois, à côté de L'Isle-Adam... À la campagne, ça ne compte pas, on fait n'importe quoi parce qu'on s'emmerde.

Il serait vain, cela dit, de nier que physiquement madame Agnès se défende mieux que moi, surtout dans les dîners à bougies, quand ses yeux malicent au-dessus des petites flammes, mais ça tient surtout à ce qu'elle a une jolie tête. Ah oui, madame Agnès a une jolie tête. Vraiment jolie. Et voyez-vous, probablement encore plus jolie aujourd'hui qu'hier avec, autour de ses yeux clairs, une voilette de petites rides, légères, rieuses, comme les frissons des amours passées. N'aurait-elle connu que les bonheurs de la vie ? Elle s'en défend, acceptant avoir eu mille petits chagrins mais dont elle s'abstient d'approfondir la cause, elle dit « mes petits chagrins », c'est tout. Madame Agnès est d'une délicatesse fabuleuse pour tout ce qui touche aux choses du cœur. Contrairement à l'autre, sa sœur, l'Agnès de la rue de la Paix, qui pour un oui pour un non dénonce ses anciens amants au fisc, téléphone aux épouses, parle de ses ovaires chez le coiffeur.

Je lui ai pourtant connu un mirobolant chagrin d'amour à madame Agnès – celle du faubourg – à cause d'une dame, une Néo-Zélandaise qui lui a fait bouffer des cailloux. Même dans notre petit cercle, même au Grand Vizir, presque personne ne connaît cet épisode douloureux. Une histoire incroyable, quand on sait la réputation de madame Agnès, son passé d'égérie, ses liaisons mémorables avec les plus grands poètes surréalistes, aussi avec un peintre célèbre, pas Max Ernst mais presque aussi connu. Il est encore à demi vivant et je ne peux pas en dire plus à cause de la famille. Un procès est si vite perdu. En plus des poètes et du peintre, on pourrait citer... mais on en sortirait plus. Bon. C'est au Touquet que c'est arrivé, au cours de l'été 51 (celui où Véra se faisait sauter dans le Lot. Décidément...), pour être précis à l'hôtel Excelsior, où Agnès présentait sa collection d'hiver : d'immenses feutres aux couleurs folles – marqués du tour de main d'Adrienne qui, pour le petit coup de vapeur, n'a pas sa pareille – avec un cordonnet inspiré des tapisseries aztèques. Le style « Agnès » était alors au zénith, le mien aussi dans un autre genre, *Un taxi pour Tobrouk* et *Le cave se rebiffe* occupaient les Champs-Élysées, *Les Cahiers du cinéma* et *Harper's Bazaar* nous brûlaient vifs, on s'en foutait, on gagnait plein de sous. Qu'en faisais-je, mon Dieu quand j'y pense... les bagnoles... les fringues... les éditions de luxe... aujourd'hui je roule Renault, j'écris Bic et je lis Poche... J'ai dépassionné tout ça. Mais je crains qu'Agnès ne soit restée frivole, sensible encore aux « signes extérieurs », probablement cela tient-il à son métier ? Comment pourrait-on dicter la mode sans donner l'illusion de l'audace, l'apparence du goût, la projection « bon chic » jusque dans la peinture que l'on doit avoir chez soi, la musique à écouter, les livres à lire ? Mais je soupçonne Agnès de préférer au fond d'elle-même le papier d'ameublement à la peinture, les petites chansons à la grande musique et la lecture en diagonale. Elle n'extravague que dans le chapeau, finalement. Dans le chapeau et la galipette.

Cette Néo-Zélandaise, qui s'appelait Debbie Whineray, pilotait dans les rallyes. Une sacrée pointure. Des os énormes. Un cou musculeux, des mains très brunes, angoissantes, posées à plat sur une table, mais expressives dans l'espace, belles finalement, aux ongles carrés, nets, blancs, blancs comme javellisés, sans doute parce que souvent plongés dans la mécanique. Et puis un regard tout bleu, avec rien dedans. Mais c'était surtout sa voix qui suscitait les passions, ensorcelait dès l'abord, ses intonations brisées à la façon des chanteuses noires. Je ne comprenais pas un traître mot de ce qu'elle disait, mais l'écouter m'enchantait. Agnès aussi, faut croire. Au terme de ce fameux défilé de collection, à l'Excelsior, à peine la Whineray avait-elle terminé de dire : « Pour inventer de tels chapeaux, vous devez aimer les femmes », que l'autre noix tombait dans le panneau.

Ce fut le point de départ d'une passion itinérante et absolument tigresque. Se consumant jusqu'alors dans des situations irrégulières, mais limitées au nord par les gazons de Valmondois et au sud par la cascade du bois de Boulogne, Agnès se lança dans l'épopée motorisée la plus folle, désertant le faubourg Saint-Honoré pour d'incroyables équipées à travers steppes et savanes, sillonnant l'Asie centrale et l'Afrique du Sud, tout ça recroquevillée dans des baquets pétaradants drivés par la mahousse.

Une carte sur les genoux, hagarde, casquée intégrale, l'impératrice du chapeau signalait les nids-de-poule, les virages en s, les dos-d'âne, toutes les vacheries, hurlant souvent de terreur quand la Whineray, taraudée par « la gagne », passait outre et plantait le bolide rouge dans une congère ou un palétuvier.

Fallait vraiment être amoureuse.

Hélas ! elle l'était. J'allais écrire nous l'étions, bien que n'ayant joué dans cette pièce à tiroirs qu'un rôle de secouriste. Les drames éclataient avec la soudaineté des tempêtes sur le lac d'Annecy, et invariablement à cause de King George, le clébard d'Agnès, une hideur trembloteuse de la marque yorkshire qui attaquait aux mollets et pissait partout.

La première incontinence se produisit à Rome, un soir de Noël. Debby Whineray calfeutrait le fauve dans la poche de son blouson de chinchilla, à l'abri des rafales qui courbaient les passants sur le pont du château Saint-Ange. Soudain : pipi. Sans un murmure, froidement, britanniquement serait-on tenté de dire, miss Whineray expédie le clebs par-dessus le parapet et le balance dans le Tibre. Flaouc ! Madame Agnès en perd le sens commun, divague, se martèle les tempes, puis se jette à son tour dans le cidre. Le plus incroyable est qu'elle a réussi à récupérer King George. La brigade fluviale les a repêchés après le pont Galvaro, au milieu des vieux pneus et des préservatifs, là-bas où finit la ville. Il faut avoir vécu ça.

Une autre nuit, cette fois dans les hallucinations du « rallye des Neiges », là-haut sur la route Napoléon, en plein brouillard, les voilà qui s'engueulent encore un coup à propos de King George qui venait de pisser dans la Porsche.

Whineray ne prend pas le risque de freiner, elle baisse la vitre et balance le malpoli dans la nature. Me gêne un peu d'avouer que le souvenir de Debbie – souvenir exécrable à beaucoup d'égards – se teinte de sympathie pour peu que j'imagine King George rebondissant par moins dix, à travers les congères. Les cris de madame Agnès s'entendaient jusqu'à Briançon. Le buste hors du bolide rouge, battant des bras dans la tourmente, elle hurlait le nom de King George avec cette véhémence complètement dépravée de Cathy appelant Heathcliff sur les Moore.

Miss Whineray a dû en avoir marre, ou quelque chose comme ça, toujours est-il qu'elle s'est arrêtée, a sommé madame Agnès de descendre, et l'a plantée là, en pleine nuit, à deux mille mètres, par un blizzard dont certains vieux Savoyards parlent encore. Mon Dieu ! Quand on connaît madame Agnès frissonnante comme je la connais, de l'imaginer rampant dans la poudreuse, s'arc-boutant face au vent, écarquillant ses yeux tendres dans la farine glacée des flocons, de l'imaginer ainsi sur le moment m'ébouriffa. Mais lorsqu'un yorkshire suractive les poussées hormonales il ne faut, m'a-t-on dit depuis, ne s'ébouriffer de rien.

Faubourg Saint-Honoré, où l'indice des ventes déclinait tragiquement, ces demoiselles s'interrogeaient de savoir si le cauchemar durerait jusqu'à la collection de printemps. « Madame ne serait pas partie si tu l'avais baisée plus souvent ! » me reprochait Adrienne. Facile à dire.

Et puis les choses rentrèrent dans l'ordre.

Les deux chéries se séparèrent finalement, au terme d'un rallye particulièrement sauvage, sans doute en Afrique. J'ai récupéré King George à Agadir, c'est ce qui me fait croire ça. Il n'aboyait plus du tout, il était comme à bout d'aventure. Agnès aussi, que j'ai retrouvée sous perfusion, calaminée, en pleine déprime. Elle m'a vidé son sac à propos de Whineray, toutes les misères que la grande lui avait faites : les punitions, le martinet, et des choses plus noires encore puisqu'elle n'a même pas osé me les dire. « Passionnelles, tu comprends ? » Non seulement je ne comprenais pas, mais je ne cherchais pas à comprendre. L'urgent, pour l'heure – et ça je le comprenais tout à fait –, c'était de la requinquer, madame Agnès, de l'aider à retrouver un peu de son tonus, de cette alacrité qui charmait habituellement l'entourage. Qu'on ne se méprenne cependant pas trop sur la qualité de mes élans, ils sont avant tout d'ordre esthétique : les plaies du cœur, pour peu qu'elles s'enveniment, vous ravagent une blonde en moins de deux et de voir une femme péricliter m'entame, surtout une pas toute jeune. Or, je l'ai dit, Agnès est de 1923, que ça lui plaise ou non ! Admettons que l'aventure néo-zélandaise remonte à dix années. Bon. Et puis ? Même voilà dix ans, ce n'était plus l'âge de plonger dans le Tibre, d'errer dans les congères, sans parler des horreurs qui avaient dû se dérouler dans le Sahara pour que je retrouve King George à Agadir. Non mais, Agadir, vous vous rendez compte...

Aider Agnès à remonter la pente impliquait grand déploiement de tact et d'ingéniosité, aussi ai-je préféré donner dans le superficiel : la rue Chalgrin, la chambre aux miroirs. On pose toujours, finalement, les mêmes emplâtres sur les mêmes douleurs. À telle enseigne qu'hier, avec Véra, j'avais l'impression, en m'écoutant lui remonter le moral, d'entendre un médecin de famille débiter de vieilles ordonnances... recommandant bien expressément les mêmes positions... seules les fesses dans le miroir avaient changé... et encore... quand je n'ai pas mes lunettes...

Alban ne comprend rien à ces choses.

Il ne comprend rien aux problèmes de l'homme en général, parce qu'il n'aime pas l'homme en particulier. Il le verrait même volontiers disparaître. À la rigueur survivre, mais alors uniquement dans la mémoire des bibliothèques, comme le tricératops et le dinothérium, avec son nom en latin sur des planches en couleur. Il n'aime pas davantage les femmes. Il n'aime finalement que le piano.

Parce que c'est dans le piano, j'allais oublier de le dire, qu'il ramasse sa monnaie, l'artiste ! Élève soumis d'Alfred Cortot, puis farouche disciple d'Horowitz, « Cortot c'est Dieu, l'autre c'est le diable ! », si moins lunatique, surtout moins fainéant, Alban aurait pu, c'est certain, devenir concertiste. Il a préféré le professorat, à cause des vacances. Sa classe était la plus cotée du Conservatoire et lui-même jouissait d'une adoration folle, avant qu'un inspecteur d'académie – complètement taré, assure-t-il – ne condamne ses méthodes. Sous quel prétexte ? En quel honneur ? Comme toujours avec Alban, les explications ne sont pas des plus claires... raisons d'ordre moral... cabale... complot maçonnique... tout ça plutôt flou. En tout cas, ce n'est pas venu de ce qu'il enseignait de traviole, au contraire, ses petits élèves étincelaient dans les concours, raflaient tous les « Marguerite Long », mais... comment dire... il leur déstructurait le mental, les estourbissait à coups de sophismes, soutenant d'insoutenables paradoxes selon lesquels, par exemple, l'art du clavier serait un exercice strictement mécanique dans lequel l'esprit ne jouerait aucun rôle et l'âme encore moins, n'hésitant pas, afin d'étayer sa démonstration, à singer les sublimes attitudes d'un Rubinstein ou d'un Kempf aux prises avec les « Clairs de lune » les « Appassionata ». Lancé dans de telles hérésies, rien ne l'arrêtait. « Le piano, sachez bien, c'est le vice sans fin ! assénait-il à ses gentils élèves. Jamais personne n'est arrivé au bout ! Parmi les plus vicieux griffonneurs de portées, grand nombre ont abdiqué devant la harpe, des dizaines ont calé sur la flûte, des centaines ont renoncé au violon, le piano n'en a rebuté aucun. Le Rital le plus désœuvré, le Boche le plus obtus, chacun y est allé de son concerto : Beethoven cinq, Vivaldi dix-huit, Mozart vingt-trois ! Ça ne vous dit rien, vingt-trois concerti pour piano ? Et, les records étant faits pour être battus, qui vous dit qu'on ne fera pas mieux ?... Tenez ! Aujourd'hui même, dans les brumes violettes des Alpes bavaroises, vient peut-être de venir au monde un nouveau petit surdoué et, dès lors, qui peut prévoir quels chromatismes inédits, quels arpèges échevelés, germeront dans sa cervelle satanique ?... Ah ! je vous en conjure, chers petits, apprenez plutôt le biniou ou les castagnettes ! »

Voilà comment il a dévoyé plusieurs générations, Alban. En leur enseignant le travail manuel, certes, en leur déliant les doigts à ravir, mais, là encore, sur des commentaires ténébreux : « Mécanisez, nom de Dieu ! Ne jouez pas avec votre âme qui ne vaut rien, jouez avec vos doigts ! Surtout n'essayez pas de comprendre. Il n'y a rien à comprendre. Il y a des dièses, des bémols, des doubles-croches, comme il y a du jaune ou du bleu, la musique c'est aussi con que la peinture ! »

Saqué de la rue de Tournon[1] lors du reflux soixante-huitard – victime de la « reprise en main » –, n'allez pas croire qu'il abandonna le combat. Il l'intensifia au contraire, mais désormais sur rendez-vous, en son grenier de la rue d'Argentine. « Ma soupente », comme il dit, en enchaînant d'ailleurs aussitôt, et sans la plus petite gêne, sur ses poutres apparentes et ses tomettes anciennes. Le piano de concert bouffe une partie considérable de l'espace, le reste étant envahi par des frusques, d'atroces bibelots, des boîtes de crabe, des statuettes en zinc, un limonaire, toute une bohème organisée. Et puis, au fond de ce barnum, dans un décrochement, curieusement brisé en son milieu par l'arête du mur mansardé : un poster de Véra assise, nue, dans un champ de colza. À quelle

1. Le conservatoire de musique se trouve au n° 9.

époque cette photo a-t-elle été prise ? Je n'ai jamais demandé. Ça ne veut pas dire qu'un jour je ne demanderai pas.

Rue d'Argentine, les élèves font la queue dans l'escalier.

Et pas des recalés de la rue de Tournon, pas des laissés-pour-compte de la fugue et du contrepoint, bien au contraire, rien que des sujets primés qui, lauriers en poche, viennent quêter chez Alban ce que l'on a précisément omis de leur apprendre : l'ivresse du rubato, les broderies ineffables, le perlé, le brio, en un mot : le piano. Car si monsieur de Mérovie se targue de n'être pas un artiste – dans le sens où l'on entend « artiste peintre » ou mieux encore « avoir l'âme artiste » –, il sait toutes les diableries que recèle un Steinway et s'y entend pour les en extirper. Sur le plan de l'émotion, cela avoisine le zéro absolu ; sur le chapitre de l'efficacité, c'est une autre paire de manches. En sa clinique de la rue d'Argentine, le bon docteur accouche d'étranges robots, d'étonnantes petites machines à jouer, de virtuoses patiemment décervelés. Il faut l'avoir entendu, comme il m'est arrivé de l'entendre, faire entrer un concerto de Prokofiev « dans » un élève, c'est-à-dire le mécaniser jusqu'à l'idiotie, note après note, mesure après mesure, jusqu'à le rendre totalement « russe ». Mais alors, russe à entendre hurler les loups ! russe à pleurer de froid ! Même traitement avec les Allemands, les Polaks. C'est ainsi, prétend-il, qu'on met une salle debout. Sans doute n'a-t-il pas entièrement tort, mais peut-être parviendrait-il au même résultat en dressant des caniches et des otaries, puisqu'à l'évidence – il est en accord sur ce point avec ses théories – une insensibilité farouche préside à tout cela.

Insensibilité, le mot que je cherchais.

Il s'applique à merveille à la nature d'Alban. N'est-ce pas lui qui un jour – pour en revenir à la rue Chalgrin et plus singulièrement à la chambre espagnole – n'est-ce pas lui qui un jour m'a dit : « Elle a dû en voir, celle-là ! » Oui et même beaucoup plus qu'il ne l'imagine en sa lubricité.

On pense bien que ce n'est pas uniquement le fruit du hasard si j'ai, à différentes étapes de ce parcours sinueux, évoqué Jacques Mesrine. Si je suis amené à reparler de lui à propos de la rue Chalgrin, ce n'est pas par hasard non plus, mais tout au contraire, parce que l'ombre du supplicié de la porte de Clignancourt – être supplicié ne signifie pas obligatoirement que l'on ait volé son supplice – parce que cette ombre, disais-je, hanta la chambre espagnole durant une époque dont le souvenir, aujourd'hui encore, distrait énormément la dame aux cheveux mauves.

Mais en y réfléchissant, plutôt que de l'ombre de « Mister Jack », il serait plus exact de parler d'une projection tour à tour autobiographique et romanesque de l'aventure mesrinienne, un peu à la façon dont, à partir d'un document, on débouche sur la légende, sans passer obligatoirement par l'authenticité.

Elle nous amusa d'abord, cette légende, puis de moins en moins, puis plus du tout, jusqu'à envisager un retour au document initial, malgré le peu de crédit que nous lui accordions. Mais d'abord qui ça, « nous » ? J'y arrive.

Lorsque, claquemuré à la Santé, il rédigeait ses mémoires sous le titre *L'Instinct de mort*, Jacques Mesrine – bien que de nature perverse – ne pouvait pas clairement envisager à quel point il embrumerait deux cerveaux réputés agiles : celui de Patrick Modiano et le mien.

S'il reste à démontrer que l'acquisition des droits de *L'Instinct de mort* ait été la meilleure idée de Jean-Paul Belmondo, celle, par contre, d'en confier l'adaptation cinématographique à Patrick Modiano m'apparut – sur le moment – extrêmement judicieuse en ceci : la prose quelque peu avachie de monsieur Mesrine n'allait pas manquer de trouver là un tuteur exemplaire. Accessoirement, la perspective de travailler avec Modiano m'enchantait puisque m'avaient enchanté ses livres. Depuis *Un singe en hiver* de Blondin, nul traitement cinématographique ne s'était annoncé sous de meilleurs auspices, à ceci près toutefois : le livre de Blondin était une pépite d'or fin, celui de Mesrine un tas de merde. Mais Modiano y pourvoirait, transfigurant, je n'en doutais pas, le tueur de maquereaux en Christ aux outrages, exercice de rédemption littéraire pour lequel le taulard Genet n'avait eu besoin de personne. Hélas ! d'aussi près que l'on y regarde, monsieur Mesrine, auteur mirlitonesque mais somptueux assassin, ne présente aucune similitude avec monsieur Genet voleur de petites cuillères, mais somptueux poète. Pour la seconde fois hélas ! ce n'était pas du *Miracle de la rose* qu'il s'agissait de tirer cent vingt minutes de spectacle, mais de *L'Instinct de mort*. Il fallait faire avec.

L'attraction exercée par les ennemis publics sur les cervelles des cinéastes ne datant pas d'aujourd'hui, le projet n'avait pas de quoi surprendre : l'hérédosyphilitique Clide Burrow, l'hystérique Bonnie Parker, le très vérolé Capone, l'idiot pathologique Dillinger, ceux-là et pas mal d'autres ont excité la verve de beaucoup de nos confrères parmi les plus éminents, mais avec, chaque fois, de leur part, cette menue restriction : si la démarche intellectuelle restait assez glaireuse, la tradition voulait que la bête immonde s'effaçât – au moins dans les ultimes séquences du film – au profit de l'amant miraculeux, du fils prodigue, du père pélican, du saint n'importe quoi, alors que, dans notre cas, la transposition se trouvait inversée pour la simple raison que « l'original » se présentait sous des dehors infiniment aimables. Cher Jacques. Sourire lénifiant et moustaches à l'anglaise, sorte de Bel-Ami faubourien, Mesrine promenait dans la vie une silhouette dansante de frotteur du samedi soir. Or si Belmondo peut, à la rigueur, se fabriquer une tête d'assassin (il l'a démontré dans quelques-uns de ses meilleurs films), on l'imagine assez difficilement en dragueur de shampooineuse. Mais imagine-t-on davantage l'évadé de la haute surveillance dans le personnage étriqué d'un représentant de commerce ? Et pourtant...

Ainsi la plus tordue des questions se posait-elle d'entrée de jeu : certains passages autobiographiques devaient-ils être conservés ? Une détestable expérience professionnelle, allant résolument à l'encontre de mon goût, m'incitait à les gommer, animé par la certitude que, parmi les « apprentissages » de Mesrine, les plus édifiants risquaient fort de se révéler les moins photogéniques. En revanche, ne promettaient-ils pas d'être les plus savoureux ? Car, enfin, pourquoi passer sous silence ces deux années durant lesquelles Mesrine, alors jeune marié, s'échina dans le porte-à-porte, sillonnant la banlieue, cavalant les étages, la boutonnière fraîchement enrubannée de ses exploits d'Algérie, de sa « bonne conduite », rien que les médailles et le beau sourire (rien dans les poches, pour l'instant), pour embobiner la cliente tandis qu'il faisait la postiche… « Mordez un peu ce travail… entièrement à la main… cette patience qu'il a fallu… » Tout ça en déballant ses échantillons de dentelle. Après quoi : le carnet à souches, la commande en deux exemplaires sur carbone. Merci madame.

Ne croit-on pas rêver quand on sait la suite ?

Mais c'est précisément ce Mesrine « d'avant la suite » qui m'intéresse, comme m'intéresse le Petiot avorteur, celui « d'avant le calorifère ». Les premiers pas, en somme. La croissance de Mozart n'est pas surprenante, à sept ans il avait déjà du génie.

J'ai dit, parlant du temps des dentelles, l'époque la moins photogénique, je n'ai pas dit la moins cocasse. Imaginons, en effet, rien qu'une seconde, la panique s'emparant des mignonnes auxquelles monsieur le VRP proposait si gentiment des napperons d'Alençon ou de Valenciennes, si elles avaient, ne fût-ce qu'un instant, subodoré l'apocalypse potentielle flottant sur leur Ségalo. Panique au demeurant prématurée, puisque monsieur Jacques lui-même était encore loin d'envisager son flamboyant destin. À ce propos, n'est-il pas irritant de constater que les vocations tardives impliquent le plus souvent un apport étranger ? Car c'est un fait. De même qu'il fallut attendre l'heure hitlérienne pour que s'éveillât l'intelligence du docteur Petiot, il faut attendre huit ans – c'est-à-dire le moment de son épopée canadienne – pour voir monsieur Jacques s'éclater pleinement. Il est vrai qu'alors il se rattrape ! Et comment ! Kidnapping d'un industriel québécois, rançon de 200 000 dollars, arrestation passablement mouvementée, carapate non moins mouvementée du pénitencier Saint-Vincent-de-Paul, hold-up en série, et puis un acte gratuit, absolument pas dans la « ligne », en formelle contradiction avec l'image de marque à laquelle Mesrine semble tellement tenir : l'exécution sauvage de deux gardes-chasses. À dater de ce jour, oui, ça promet ! Et ça tiendra !

Mais, sur le papier, ça tient moins bien. Des fois oui, pourtant. Ainsi, dans une lettre ébouriffante adressée à Belmondo, Mesrine, tenant probablement à rassurer Jean-Paul quant à la carrière du film, écrit : « Soyez tranquille, le voyou ne trahira pas l'auteur. » Malheureusement, l'auteur trahit souvent le voyou. *L'Instinct de mort* est truffé de redondances, bouffi de donjuanisme, chacun des chapitres méritant d'être précédé de l'avertissement : « dans lequel notre héros prouve qu'il "en a". » On ne pratique pas le style « macho » sans quelque ingénuité. Il faut lire, par exemple, le récit de sa rencontre avec Soledad Ortiz, jeune serveuse espagnole qui devait, par la suite, lui donner trois enfants :

« Nous étions couchés sur les couvertures qui gisaient pêle-mêle sur le sol. Au moment de la pénétrer, elle eut un gémissement. Je la sentis étroite. Cette fille était vierge ! C'est délicatement que je lui fis l'amour. Doucement je me sentais vivre en elle. Je savais trop ce que pouvait représenter "la première fois" pour me conduire comme un soudard. Et puis le contact de sa peau était à lui seul un poème né pour y conjuguer le verbe aimer. Harassé, le corps vide de désir, je me mis sur le dos : elle se blottit contre moi en m'offrant sa bouche, comme pour m'empêcher de parler : je sentis que les larmes lui inondaient le visage. Tendrement, je lui pris la tête dans mes mains tout en lui baisant les paupières. Elle me regarda d'une façon qui me bouleversa. De ma bouche, le mot "merci" s'échappa. Mais c'était un merci qui me sortait du cœur. Elle en comprit tout le sens, car elle me sourit en me disant : "Te quiero, franchouti." »

Pour peu que l'on se souvienne que, durant deux ans, « franchouti » ridiculisa les anti-gang de monsieur Broussard, si l'on veut bien d'autre part se rappeler que, tandis que deux mille flics tenaient la planque, « franchouti » mettait à sac le casino de Deauville et kidnappait le milliardaire Lelièvre, une telle capacité d'extase laisse pantois.

On en avait les pattes sciées, nous autres, rue Chalgrin. On ne savait plus comment l'appréhender, ce Mesrine-au-cœur-grocommça, par quel bout le prendre, tellement nous étourdissait cette image qu'il avait de sa personne. Si la transe amoureuse avait empli tout son livre, bon, on s'y serait faits, mais mille concepts autrement plus ahurissants venaient s'y greffer : un sens pathologique de l'honneur, un besoin permanent de se justifier face au qu'en-dira-t-on, la phobie des macs, le mépris de l'argent, un racisme sourcilleux (l'intrusion des ratons dans le proxénétisme lui était insupportable) et, le plus surprenant, une ébouriffante attirance pour la répression, en tout cas un respect pour tous ceux qui l'exercent, notamment envers le commissaire Broussard, auquel il n'hésitait pas à décerner le brevet de « grand flic ». Il allait avoir, plus tard, porte de Clignancourt, l'occasion de réfléchir là-dessus.

Mais, pour l'heure, nous n'étions pas encore porte de Clignancourt, nous étions rue Chalgrin. Nous étions, monsieur Modiano et moi-même, rue Chalgrin, très préoccupés à tirer un scénario d'un bouquin dont l'auteur se trouvait – petit détail – incarcéré sous haute surveillance à la prison de la Santé, oui, petit détail, mais petit détail qui changeait tout : on ne falsifie pas les mémoires d'un homme en cage.

La situation était salement bloquée.

Elle se débloqua (et comment !) le 8 mai 1978.

Rappelez-vous un peu le chabanais... la rocambolesque évasion... la petite avocate... Monsieur Joli-Cœur éclaboussant de son sourire la une de tous les canards de France... les interviews pirates... Robin des Bois... la naissance d'un mythe, puis sa récupération... les probables filières... l'Algérie, l'Angleterre, Ibiza... la gaie balade... et quarante millions de supporters !

Quant à nous, plus de projets, plus de problèmes, plus de film. Plus de film, mais un cinéma permanent se déroulant loin de la rue Chalgrin, un thriller très au-dessus de nos moyens et dont la violence aurait suffi, de toute manière, à nous convaincre d'aller jouer ailleurs.

Se souvient-on encore que la folle équipée dura un an et demi ? C'est peu et c'est beaucoup, selon l'emploi du temps. Mesrine n'en perdit pas une miette : casses, prises d'otages, conférences de presse, règlements de comptes, romance. Mais oui, romance. Ainsi la prophétie de Mesrine à Belmondo : « Le voyou ne trahira pas l'auteur », se trouvait-elle vérifiée sous un jour inattendu, mais sous un aspect tangible, par la présence, aux côtés du tueur, de mademoiselle Sylvia Jeanjacquot, surnommée « la belle Italienne », dont les magazines diffusèrent à profusion les charmes.

Pour ce qui reste des choses ordinaires : nous nous séparâmes, nous deux Modiano, dans l'incertitude et la perplexité, lui pour écrire un roman dont il ne pouvait pas prévoir qu'il obtiendrait le prix Goncourt, moi pour écrire un film dont j'ignorais qu'il battrait tous les records d'entrées.

Quant au scénario laissé en rade le 8 mai, je n'en appris la conclusion que le 12 novembre de l'année suivante, devant un Vittel-fraise, quand surgit au Grand Vizir madame Praline porteuse d'une « spéciale-dernière » avec, au beau milieu, la photo-finish : Jacques Mesrine en sang, affalé au volant d'une bagnole.

Tout s'était passé très sauvagement, j'ai lu.

Madame Praline voulait pas croire ; il a fallu que je relise à haute voix pour que ça pénètre, tellement c'était fou : d'abord le déploiement d'artillerie (soixante-douze points d'impact !), puis les poulets s'embrassant, façon footballeurs, autour du cercueil B.M.W. Mais on n'était pas au bout, c'est après que ça devenait vraiment dingue : la belle Sylvia giclant de l'auto, déconnectée à zéro, un cocker sous les bras, hurlant : « Les salauds ! Ils ont tué mon chien ! » C'est quand même pas banal, comme réaction, non ? Pourquoi pas plutôt « Ils ont tué mon homme ! » ? À croire, concernant l'homme, qu'elle prévoyait l'issue de longue date. Lui aussi, l'homme, savait que ça finirait mal, il l'avait annoncé un peu partout ces temps derniers. Les flics aussi savaient. Il n'y avait que le petit chien, en somme, à ne se douter de rien. Il a dû être salement surpris. Tout pareil lorsque King George s'est retrouvé dans le Tibre, mais là, en plus, avec les cris autour, les crépitements enragés, les perforations, l'enfer, de quoi avoir le poil qui se dresse. Faut se mettre à la place d'un petit chien.

Je mettais ces réflexions de côté, bien sûr, ça ne regardait pas madame Praline, que je devinais cependant très proche de moi. Elle non plus ne parvenait pas à détacher son regard de cette photo, de l'innocence de cette photo : on aurait dit qu'il s'était endormi au volant, Mesrine, ou que c'était encore une de ses ruses, qu'il allait se réveiller, bondir, à nouveau faire peur, disperser tous ces cons. Sans aller jusque-là, madame Praline marmonnait des trucs un peu marxistes. Les gens autour aussi tenaient des propos.

Les soixante-douze impacts, il allait devoir leur inventer des amortisseurs, le Broussard !

Rue Jean-Dolent[1], on fourbissait déjà les banderoles ; à Billancourt, on organisait la prise de conscience : une petite semaine de congé. Mademoiselle Mesrine (Sabrina, fille du défunt) annonçait qu'elle portait plainte pour guet-apens, le Grand Chef Poulet était sommé de venir s'expliquer au journal de 20 heures.

1. Siège de la Ligue des droits de l'homme, au n° 27.

Il vint. On lui posa mille questions embarrassantes. Il y répondit, pas embarrassé du tout.

Mais ça n'intéressait déjà plus.

Entre-temps, on avait appris qu'il n'était pas mort, le petit chien.

– Ce qui la passionne, madame Monod, c'est l'épopée, la chose historique, principalement le Moyen Âge...

Il vient de lancer ça aux étoiles, le brigadier, le front ridé au ras du kébour, encore un peu oppressé, comme au sortir d'un rude tintouin à démêler les mobiles mentaux de sa dame.

– ... Alexandre le Grand... Catherine de Médicis... Mais entre nous, son chouchou, c'est Bayard...

Les noms illustres résonnent sous le feuillage, dont l'ombre fait une dentelle sous nos pas. La place Denfert n'est plus très loin. On aperçoit la masse sombre du petit square au bout de l'avenue balisée par la double guirlande des globes.

– ... Sans être anti-Bayard, chevalier irréprochable, j'hésite pas à placer très au-dessus de lui le maréchal de Turenne.

– J'aurais plutôt parié le maréchal Pétain, dit Alban.

– On parle du Moyen Âge.

– Excusez-moi.

Même courtois, Alban l'indispose, qu'il subodore pas net. Il a raison. Alban n'est pas net. Quand je pense à cette photo de Véra à poil dans le colza…

– Tout le monde l'appelle familièrement Turenne, poursuit le brigadier en se présentant trois quarts dos à Alban, mais son vrai nom c'était Henri de la Tour d'Auvergne. Vous le saviez ?

– Non, dis-je, mais c'est bon à savoir.

Il a cette lente et grave et paternelle approbation de la tête, d'un qui viendrait de vous refiler le tuyau de l'année. Avec moi, il s'entend bien. Il est heureux. Comment vais-je m'en dépêtrer ? Parce que ce Moyen Âge s'étirant jusqu'à Louis XIII peut nous mener jusqu'à des aubes laiteuses.

– Maître, autorisez-vous une question ? interroge le pilon, bien décidé à maintenir la pression. Pourquoi n'écrivez-vous pas de romans historiques ?

– Parce que je n'ai pas la mémoire des dates.

– C'est important, les dates ?

– Pas vraiment.

– Alors ?

– Je n'ai pas non plus la mémoire des noms.

– Et ça, c'est important ?

– Fondamental.

– Vous avez raison… Marignan 1515… un nom, une date… ça forme un tout.

Là-dessus, on marche un peu. L'air est doux sous les arbres immobiles. Je pense à Sévère. Peut-être est-il revenu de La Rochelle ? Ce serait farce de le retrouver attablé au Grand Vizir... et pourquoi pas avec Véra... tous deux rabibochés si ça se trouve. Ils m'ont fait le coup tellement de fois. De toute façon, ce n'est pas une solution pour Sévère que de rester là-bas. Une expression de ma copine Clodomir, ça : « Ce n'est pas une solution. » Voilà des mois que je ne la vois plus, Clodomir. Oh, pas exprès. Mais ce quartier Vavin où elle habite ne fait pas encore partie de l'itinéraire des ruines (j'ai réussi, par vent d'est, en prêtant l'oreille, à entendre rugir les caterpillars, mais faut vraiment prêter l'oreille) ; alors je n'ai pas grand-chose à y voir, sauf la grosse, bien sûr. Mais lors de ma dernière visite, j'ai eu l'impression de ne pas l'amuser beaucoup, en tout cas moins qu'autrefois, avec mes impôts, mes emmerdes, tout ça. Elle vieillit. Aramis, l'oncle d'Adrienne, celui qui vend des litchis, m'a dit qu'elle n'allait pas fort... le diabète, d'après lui... pas étonnant avec le chocolat qu'elle bouffe ! Il faudra tout de même que je passe un de ces soirs, pour la raisonner, l'amener à se restreindre.

– L'homme cessera-t-il un jour de grandir ? interroge Monod, dont le pli frontal s'est énormément creusé.

Pas grave. Simplement le brigadier vient encore de disjoncter. Chez lui, c'est permanent.

Nous avons tous connu des êtres dont les fusibles sautaient de temps à autre; Monod, lui, est en court-circuit continu.

– Je vous demande ça, cher Maître, parce que madame Monod, qui a vu, comme je vous vois, l'armure de Bayard à Carnavalet, prétend, et même affirme, qu'elle (il désigne son épaule) m'arriverait là.

– Vous êtes particulièrement bel homme.

– Ma taille surprenait jusqu'en 45, mais elle devient courante. Allez-vous quelquefois à la sortie des lycées ?

– Auriez-vous entendu des ragots ? glousse Alban.

– Parce que si vous faisiez la sortie des lycées, poursuit le brigadier pour qui, décidément, Alban n'est plus au monde, vous remarqueriez que les jeunes d'aujourd'hui sont des géants par rapport à ceux d'hier. Ça tiendrait, d'après madame Monod, à ce qu'on les bourre de vitamines dès le biberon. Mais alors, à ce train ? Il faudra bientôt rehausser les plafonds et surélever les urinoirs ! Supposons que le Français moyen atteigne la taille de ces fameux nègres... les comment déjà ? Ces nègres tellement grands que leurs ennemis leur scient les jambes...

– Les Ibos.

– Eh ben, dites donc ! Pour quelqu'un qui n'a pas la mémoire des noms...

– J'ai rencontré, figurez-vous, des Ibos.

– Je croyais que vous ne voyagiez jamais ?

– Les Ibos, eux, voyagent. Ils sont venus danser, voilà deux ans, au Palais des congrès.

– Maître, vous m'étourdissez ! s'ébaudit Monod, jouant les « docteur Watson », comme savait si bien les jouer Eckermann lors de ses « Conversations » avec Goethe.

– Et vous, brigadier (Alban devrait continuer de la boucler, mais c'est au-dessus de ses forces), quelle amphétamine prenez-vous pour être chaque jour plus con que la veille ?

Une seconde, je m'attends à ce que le cher Monod l'emplafonne. Au lieu de quoi, le brigadier riposte d'une manière originale, assez délicieuse même, je trouve.

– Vos papiers !

– Pardon ? fait Alban.

– Je vous demande, monsieur, vos papiers ! Si vous ne les avez pas, je vous emballe !

– Mais enfin, Gabriel...

– Ne m'appelez pas Gabriel ! J'ai une fonction, un grade, un revolver ! (Et aussi une patte d'ours, qu'il tend, paume en l'air.) Alors, ça vient ?

À la célèbre cloche pneumatique du professeur Clavé – et à la conversation d'Adrienne – s'ajoutera désormais, parmi les grands générateurs de vide absolu, le regard de monsieur de Mérovie fixant la main ouverte du brigadier Monod.

– À défaut de carte d'identité, ironise le poulet, vous n'auriez pas sur vous un commandement d'huissier ? Un extrait de casier ? Un avis d'expulsion ?

Je ne l'ai jamais vu dans une forme pareille. Je suis sous le charme, positivement. D'autant que ça s'enjolive. Non content de perdre pied, voilà qu'Alban s'enlise : à l'injonction d'avoir à sortir ses faffes, il excipe d'un règlement ancien, mais selon lui toujours en vigueur, stipulant que les gardiens de la paix ne doivent toucher vos papiers qu'après s'être gantés de fil blanc... oh, là, là... Il confond avec les contrôleurs de chemin de fer... Il n'est pourtant pas idiot... même le contraire... astucieux... retors... je l'ai vu à l'œuvre... assis au Steinway... esbrouffeur chevronné... alors ? Alors, rien. Sinon l'immémoriale malédiction, le fatum des Anciens ; en bon français : le syndrome du cave ! La terreur du flic ! Ça, c'est du solide ! Du millénaire ! De l'atavique ! C'est même, on serait enclin à croire, notre « différence » fondamentale – autrement essentielle que la lecture, le piano et les arts plastiques – avec le grand singe d'Afrique.

– Je meurs si je mens ! arabise Alban en retournant tragiquement ses doublures. J'ai laissé mes papiers chez moi... J'habite rue d'Argentine, au numéro 3... Téléphonons à la concierge... une veuve de résistant...

Est-ce en venant rue Chalgrin que Véra Varlope a connu la rue d'Argentine ? Car enfin... le « nu au champ de colza »... hein... bon... pourtant quelque chose, là-dedans, ne colle pas… en supposant qu'elle se soit fait sauter par ce mannequin, Véra me l'aurait dit… oui, je pense qu'elle me l'aurait dit. Je ne pense pas cela par fatuité, mais parce que je connais son goût pour le déballage, le bottin de ses amours ; la meilleure preuve : alors que je ne lui demandais rien – en tout cas rien de ce genre –, n'a-t-elle pas été jusqu'à ressortir d'une mémoire d'il y a trente ans l'histoire des frères Mallocène ?

– Rue d'Argentine, je vous répète ! Au numéro 3 ! La concierge vous dira !… Son mari a été fusillé !

Pour les références, il en rajoute un peu, l'artiste. On va quand même pas l'estrapader. Il demeure cependant vrai que l'énorme paluche tendue vers lui prend une importance obsédante, totalement disproportionnée à l'objet de la quête.

– Et toi ? il m'interpelle. Tu la connais pas, mon adresse ? C'est pas au 3 rue d'Argentine que tu viens bouffer mon crabe ?

D'un bond, le voilà encore un coup pendu à mes revers, fou comme une autruche, postillonnant, puant le cachou, névrotique, pire que tout à l'heure quand je le taquinais d'avoir expédié le vieux Ziegler au four.

– Mais enfin, sacré bordel, dis quelque chose ! Qu'est-ce que je peux faire pour qu'il me croie ?

– Propose-lui de l'argent.

J'ai dit ça au flan, plutôt pour détendre. En tout cas pas sérieusement. Mais c'est qu'il est sérieux, l'autre, le Monod, comme un pape.

– Vous voulez dire des espèces ? s'informe-t-il.

– Surtout pas ! je proteste.

Puis, desserrant l'étreinte d'Alban pour remonter aux sources conflictuelles :

– Sachant le goût de madame Monod pour l'Histoire, j'explique à Alban, je lui offrirais le Michelet qui sort en souscription, dix tomes illustrés par des artistes de « réputation mondiale », premier volume à l'œil, les autres à croume. Madame Monod serait, je suis sûr, très sensible.

– Très sensible, approuve le brigadier.

– Écoutez-moi ce flic pourri ! hurle Alban.

Moi je n'aurais pas dit ça, sûrement pas. À croire qu'il y a des soirs où le fantasque est écrit dans les mains. À propos de main : celle du brigadier se referme, pour ainsi dire en forme de poing.

Il est très empourpré, Monod, tout au bord de se livrer à des choses. Je veux dire : il shooterait dans les couilles d'Alban ou lui défoncerait son taupé – ou un truc de ce genre – que ça n'étonnerait pas. Au lieu de quoi, le voilà qui passe du pourpre au livide, ses petits yeux de grizzli braqués sur la grosse horloge de l'orphelinat qui vient de sonner l'unique coup de la demie de vingt heures.

– Merde ! Je vais rater le Bayern !

Les plombs viennent encore de sauter. Qu'après le chevalier Bayard, puis la diététique infantile, le déclic soit, cette fois, le football télévisé, ne témoigne d'aucune détérioration adventive du circuit, mais, tout au contraire, d'une rigoureuse ponctualité dans l'imprévisible, et prendrait même, à cet égard, valeur d'exemple.

On le reverra, Monod, c'est sûr.

Il nous racontera le match, c'est sûr.

Et Sévère ?

Pour Sévère, c'est beaucoup moins sûr. À tel point, voyez-vous, je me demande si, démonté comme est Alban, encore sous le choc, oui je me demande si ce ne serait pas le moment de le réattaquer sur le projet rochelais, même de le mettre directo dans le train ? Parce qu'entre nous, je suis de moins en moins certain de le retrouver au Grand Vizir, l'autre.

En devanture, dans cet angle privilégié de la terrasse (face au lion, en plein) que les ayants droit appellent très simplement « l'élite », ce n'est pas Sévère qui m'attend, mais Véra. Dans les bras de Véra, un chiffon, une loque : Adrienne, le visage brouillé, le rimmel dans la bouche.

– Qu'est-ce qui se passe ? je demande. Elle a perdu son sac ?

– Tu vas pas croire la nouvelle, annonce Véra. Raconte-lui, dit-elle à Adrienne. Moi ça m'étrangle.

– C'est comme un cauchemar, gémit Adrienne. J'arrive pas à croire ce que j'ai vu... pourtant j'en ai vu, tu le sais... mais ça... le Kid... le Kid, ton pote...

– Je te dis qu'il va pas le croire ! coupe Véra, dont je découvre seulement maintenant qu'elle a changé de toilette : ce matin en daim vert bronze, ce soir en lainage bleu.

Il n'est rien de plus scandaleux, pour ne pas dire de plus cochon, voire de plus « surréaliste » pour parler comme elle, que les seins de Véra libres sous du lainage. On ne voit plus que ça ! On peut toujours essayer de regarder passer l'autobus, ou de s'intéresser aux joueurs de belote – qui ne font pas partie de « l'élite », mais n'en ont pas moins leurs habitudes là-bas, à la table près des téléphones – l'attraction Varlope est incontournable.

Dotée d'un buste moins éclaboussant, mais de fesses qui peuvent prétendre, Adrienne, dans ses bons jours, étale aussi pas mal dans le jersey. Mais ça n'a rien à voir.

– Pour que tu comprennes bien comment c'est arrivé, attaque-t-elle, faut que tu saches que madame Agnès a les polyvalents sur le râble. Au faubourg, c'est la colère. On boucle l'atelier « à la sauvage » au beau milieu de l'après-midi, on les enferme à clé dans le bureau, on coupe le chauffage, tout pour les emmerder. Madame Agnès menace même de lourder pour de bon, de prendre sa retraite. Tu la connais quand elle est en pétard. Bon. On y arrive : avec tous ces horaires chanstiqués, au lieu de passer prendre le Kid à huit heures à l'apéro comme on a l'habitude, me voilà dans le coin avec deux heures d'avance… trop tôt pour la picole, trop tard pour le ciné…

– Pour le petit hôtel, y a des heures ?

– Ça vraiment, souligne Véra, c'est d'un tact !

– Le Moderna est en travaux ! glapit Adrienne. Ils refont la plomberie.

– Quand c'est comme ça, pourquoi ne me le dis-tu pas ? J'ai traîné toute la soirée avec Alban, t'aurais pu aller rue Chalgrin…

– C'est à une demi-heure de métro ! gémit-elle, puis, redressant la tête comme si elle trouvait soudain moins fraternelle l'épaule de Véra : J'ai pas d'auto, moi !

Tandis qu'elle semble se complaire dans une aigreur dont j'ignore la cause, Véra, elle, récupère son foulard et son imper sur la chaise d'en face pour me faire une place.

– Quand tu habitais rue Gazan, poursuit Adrienne, c'était quand même plus pratique. Qu'est-ce qui t'as pris de déménager ?

– Je me le demande.

C'est vrai, je ne sais pas. Mais sait-on jamais les raisons qui nous poussent à déserter certains lieux pour d'autres ? Commençons peut-être par ne pas changer de quartier avant de nous plaindre que les quartiers changent. Mais lorsqu'Adrienne, parlant de la rue Gazan, dit « c'était pratique », elle touche là, peut-être, à l'unique raison de mon départ. Je pense bien que « c'était pratique » ! N'importe qui pouvait venir m'emmerder à n'importe quelle heure !

– Des nuits, là-haut, qu'est-ce qu'on a pu se poiler ! continue Adrienne. Tu te souviens ?

– Oui.

– Le soir de la panne d'électricité, tu te souviens ?

– Oui… Oui…

– Il se souvient de rien du tout ! intervient Véra en se marrant.

– Elle a raison, soupire la petite martyre, je suis sûre que tu as oublié le soir de la panne d'électricité… pendant que le Kid changeait les plombs, ce salaud de Wynn m'a embarquée sur la terrasse… On est tombés sur toi et une grande bringue que tu sodomisais derrière les troènes…

– Tu m'étonnes.

– C'était pas une grande bringue ?

– Si. Mais c'étaient pas des troènes. C'étaient des fuchsias.

– Et elle ? Comment elle s'appelait ? Je la revois : une rousse couverte de bijoux…

Paloma de Sweert.

– Ah oui ! Paloma ! Qu'est-ce qu'elle est devenue ?

– Elle s'est suicidée.

– Pourquoi ?

– Elle était trop riche.

– Quelle conne ! s'exclame Véra. Moi, si j'étais riche…

La voilà partie à expliquer ce qu'elle ferait si elle était riche, hypothèse dont il ressort que son bonheur serait essentiellement privatif, puisqu'il consisterait à garder ses sous. Les noms d'éventuels prédateurs (Rolls-Royce, Picasso, etc.) sont impitoyablement rayés des festivités. Les feutres de madame Agnès, quoique jugés exorbitants, sont sauvés in extremis, « étant donné Adrienne » et – je n'aime pas beaucoup cette façon de me tapoter la joue – « étant donné vos rapports ». Les uniques dépenses de Véra seraient, semble-t-il, consacrées à l'écologie et à l'hellénisme, autrement dit : à la natation et au bronzage, son coffre-fort ne s'entrouvrant qu'au bénéfice des « Olympic Airways » et des « Croisières Paquet ». Prévisible morsure du serpent monétaire : tout à coup, comme ça, au hasard de ces ponts-promenades et de ces sables blancs, le rôle de Sévère devient crépusculaire. Mais ne l'est-il pas du commencement ?

– Tout ça est bien joli, mais si on reparlait du Kid, je propose.

– Le Kid ? s'étonne Véra, tombant de l'Olympe.

– Je débarque, je trouve Adrienne en larmes...

– Je le suis toujours ! s'exclame Adrienne.

Il y a cependant comme un flottement. Émergeant à peine de la pluie d'or, les deux paumées essaient de regrouper le tir. Adrienne regarde longuement et fixement la rue, sans ciller, les doigts croisés comme en prière, attendant que ses yeux s'humectent. Là-bas, près de la caisse, Alban mouline des poings, enjolivant, je pense, l'épisode Monod, à l'intention d'un balayeur maghrébin.

Adrienne commence à pleurer doucement.

Je l'adore.

Camille choisit mal son moment, mais c'était à prévoir. Rôdant depuis plusieurs minutes autour du guéridon, ou plus exactement autour de la robe de lainage bleu, le loufiat se penche inopinément vers Véra.

– J'aimerais toucher vos nichons, murmure-t-il.

– Une autre fois, dit Véra. Vous voyez bien que nous sommes occupés !

Il s'éloigne, assez désemparé.

– Je disais que j'étais arrivée en avance, sanglote Adrienne qui semble avoir superbement repris sa tragédie par le bon bout. Personne ici, le Moderna impraticable, tout ça, bon, je prends le pain, je monte à la maison et là, sur qui je tombe ? Cramponne-toi, minet : je tombe sur le Kid à poil devant l'armoire à glace !

– Il travaillait sûrement ses esquives. Ça s'appelle du shadow-boxing.

– En fait de shadow-boxing, il avait enfilé mes bas résille et mon porte-jarretelles… le marrant, tu sais ?

– Comment saurais-je ? je coupe, en évitant le regard pointu de Véra.

– Il avait mis mes talons aiguilles et ma guêpière avec deux oranges dans le balconnet… et il tortillait du cul devant la glace, ce schnok !… À gerber ! Non, mais t'imagines l'ancien champion d'Europe, la terreur des welters, en travelo ?

Difficilement imaginable, j'admets. Si je ne craignais pas de repiquer au truc, je boirais bien une bière. C'était bon pour l'imagination, dans le temps. Je sais qu'il ne faut pas. Ce qu'il faudrait, ce serait dire quelque chose.

– Est-ce que tu vois le tableau ? insiste Adrienne.

– J'essaie.

J'essaie surtout de comprendre comment et pourquoi, c'est-à-dire au bout de quelle détresse, de quelle mortelle solitude, le Kid a pu en arriver à d'aussi curieux dérivatifs.

– Il ne faut rien dramatiser, dis-je.

Elles se regardent, puis me regardent. Visiblement, elles trouvent ça assez plat.

– Adrienne t'explique que Maurice est en train de muter folle, dit Véra. Réalises-tu la tragédie que nous vivons ?

– Nous vivons tous de petites tragédies au sein de la grande et fondamentale tragédie qu'on appelle l'angoisse contemporaine, je lance, horriblement conscient de faire enfin ce que ces dames attendent de moi : des phrases les plus longues possible.

– J'ai lu dans *Madame Figaro*, dit Adrienne, que la mode serait au transsexualisme. Ça veut dire quoi ?

– Une transsexuelle, explique Véra, c'est un homme auquel on fabrique un vagin avec la peau de ses couilles. C'est chirurgical.

– Tu crois que le Kid…

– Comme dit minet : « Faut rien dramatiser. » Ton mec est peut-être simplement en train de devenir pédé. C'est courant chez les anciens sportifs.

– Je préférerais, regimbe Adrienne. Parce que, dis donc, voyez pas qu'il débarque ici en gonzesse ? De quoi j'aurais l'air ?

Un instant, on dirait qu'elle oublie ses terreurs pour saisir un rêve au vol, un lointain souvenir encore plein de tumulte et d'un petit peu de gloire.

– La première fois que je l'ai vu… au Cirque d'Hiver… t'aurais dit un fauve !

Le K.-O. du Panaméen lui repasse des fois dans la tête, comme ça, de temps en temps, même au Moderna ça lui arrive. Elle m'a fait le coup, un soir, alors que ce n'était pas du tout « en situation », de me balancer : « C'est pas pour dire, mais tu te souviens de cette frite qu'il avait, le Maurice ! »

Elle a un joli mouvement du cou, flexible, sensuel, tandis qu'elle repose sa tête sur l'épaule de Véra.

– Tu l'as connu à quel moment, toi ? demande-t-elle.

– Il était déjà nazebroc, répond sobrement Véra.

– Alors c'était sûrement au retour de Barcelone. C'est après le combat contre Padilla qu'il a commencé à « donner des signes »... à répéter les mêmes choses... à défier tout le monde. Wynn ne voulait pas de ce combat, je me souviens. C'est un maquereau, Wynn, une ordure, mais il connaît drôlement son métier. Je l'entends encore dire au Kid : « Padilla, prends-le dans deux ans, il rêve de l'Amérique, laisse-le aller se faire avoiner là-bas, il en reviendra sur les talons, tu te le farciras au petit trot. Pour l'instant, n'y touche pas ! » Mais le Kid voulait le manger tout de suite, Padilla ! Ça tournait à l'idée fixe ! Soi-disant qu'il frappait mou, qu'il avait une mâchoire en verre, qu'il reculait tout le temps. C'était vrai qu'il reculait, mais il frappait en reculant, c'est ce que Wynn essayait d'expliquer au Kid. Mais l'autre faisait le sourd. Finalement, Wynn a signé le contrat. Il aurait préféré que le match ait lieu à Paris, mais Maurice tenait absolument à Barcelone parce que la bourse était plus importante là-bas, où Padilla était populaire.

– À Paris, y aurait eu du suspense ! décrète Véra avec son habituelle fermeté dès qu'elle aborde en terre inconnue, travers que j'absous, y étant moi-même enclin.

– Là-bas, y en a pas eu, soupire Adrienne. Padilla l'a transformé en enclume. Il avait une allonge terrible, ce Castillan de merde, une morphologie de chimpanzé ; chaque fois que Maurice essayait de passer sous son gauche, il s'embrochait sur un uppercut. Une boucherie. Les arcades, le nez, les lèvres, à la fin il était éclaté de partout. Ça faisait mal à voir.

– Quand on dérouille trop, on n'a pas le droit de s'en aller ? s'étonne Véra.

– On a le droit. On a aussi le droit de s'allonger. Mais ça ternit le palmarès. Wynn espérait que l'arbitre arrêterait le carnage pour blessure, mais le public – vraiment dégueulasse – réclamait le K.-O. et l'arbitre avait les flubes de se faire lyncher. Et puis, faut bien dire aussi que l'autre con, je parle du Kid, tenait absolument à aller au bout des douze rounds. Pendant les minutes de repos, il expliquait à Wynn : « Il touche, mais il frappe pas ! Il se fatiguera avant moi ! Au neuvième, je vais le descendre ! » Total : on est restés deux semaines à Barcelone, le temps que Kid passe des radios du crâne et des tests pour être sûr qu'il resterait pas aveugle.

Elle rêvasse à nouveau, mais loin du Cirque d'Hiver cette fois ; rien qu'à voir sa tête, on sent qu'elle introspecte à présent dans le crapuleux, dans le moche, du côté du Barrio Chino certainement, de ces « maisons de thé » qu'elle affuble d'une appellation inattendue :

– Pendant qu'il était à l'hosto, soupire-t-elle, je visitais les musées avec Wynn.

Elle ajoute d'une petite voix :

– Je me sentais affreusement désœuvrée.

Ainsi les constants « désœuvrements » d'Adrienne rejoignent-ils les constantes « tristesses » de Véra en ceci que l'une et l'autre y puisent un commun alibi à leurs séances de pattes en l'air. Pour le reste : que les avanies du Kid aient entraîné un désarroi momentané et que Wynn ait profité de l'aubaine, c'est probable.

Venant d'une autre, je dirais même de n'importe qui sauf d'elle, la compréhension de Véra serait touchante, qui entoure de laine bleue la petite désœuvrée et effleure ses lèvres d'un baiser. Mais, venant d'elle, c'est insensé ! Car, enfin, elles n'ont jamais pu se piffer ! Je le sais ! J'en ai assez entendu ! Parlant d'Adrienne, j'ai vu Véra en attraper les yeux jaunes, frôler l'hépatite. Et les voilà maintenant serrées l'une contre l'autre, tout à fait « orphelines », blotties aile contre aile, comme les perruches à l'approche des grands froids.

– Tu vois pas, ma chérie, qu'on soit obligé d'opérer Maurice, de lui retourner tout son bastringue à l'intérieur, de quoi j'aurais l'air chez les commerçants ? Je les entends d'ici : « Bonjour à vot' dame ! », sans compter les plaisanteries scabreuses, scato et tout. Qu'est-ce que tu ferais à ma place, dis, ma grande ?

– Je me ferais tringler ! décrète Véra sans la moindre hésitation.

– Par les commerçants ?

– Par tout le monde ! Pour faire taire les ragots, prouver que l'embrouille vient pas de toi, que t'es toujours saute-au-paf comme avant, supra-normale !

Mais elle est paumée, Adrienne. Complètement. Elle attrape son sac et en sort un mouchoir déjà tout trempé.

– Se faire enjamber par-ci par-là, larmoie-t-elle, je ne dis pas… surtout pour l'honneur… mais tout le quartier… tu crains pas que ce soit au-dessus de mes forces ?

– Mais non, mais non ! affirme Véra.

Ah, c'est une santé, celle-là. Adrienne lèche son rimmel et se marre malgré elle. Moi aussi. Je proposerais bien une virée rue Chalgrin, mais demain, une fois requinquées, elles iront raconter partout que j'ai abusé de leur détresse. Je les connais.

– Le décor est super-extra ! s'extasie la supranormale, se dévissant la tête à suivre l'enchaînement implacable, botanique et mondain des fresques ferroviaires du plafond.

Parce que me revoilà à la gare de Lyon encore un coup, au Train Bleu, cet incroyable opéra baroque composé à la gloire du rail.

Après les discussions sur la boxe, le sexe, tout ça, nous nous sommes entassés dans la petite Fiat pourrie de Véra, que nous avons ensuite abandonnée devant la gare, en plein sur les clous. Ce ne sera pas la première fois qu'elle terminera à la fourrière. Le brigadier Monod règle ces choses-là très bien.

– Je pensais que t'étais déjà venue, dit Véra.

– Qu'est-ce qui te fait croire ? s'étonne Adrienne.

– Rien… comme ça… une idée…

Elle me regarde, Véra, entre ses doigts, en ratissant sa frange. Ses sous-entendus sont parfois pesants. Mais Adrienne n'enregistre rien, fascinée jusqu'au vertige par l'embrasement pictural, les dorures, les volubilis, tous ces témoignages abracadabrants du début d'un siècle dont nul ne saurait dire comment il finira.

J'aime ce musée très ennuyeux où tout peut arriver… même l'idée vague de prendre le train. C'est une relation de métier, Alexis Moncorgé[1], qui m'a fait découvrir l'endroit. Les fresques le plongeaient dans une nostalgie intempestive. « Lucien Guitry, affirmait-il, dînait ici chaque fois qu'il prenait le 20 h 50. » Rompu au langage des cheminots depuis le tournage de *La Bête humaine* (d'avoir réellement conduit une loco semblable à « La Lison » l'avait beaucoup marqué), il ne disait jamais le « Paris-Lyon-Méditerranée », ni « le Bleu », mais le 20 h 50. De même, il ne disait pas la Côte d'Azur, mais la Riviera. Le mot Riviera ne désignant pas, dans son esprit, ce morceau de littoral allant de la baie des Canoubiers au golfe de Gênes, mais tout à fait autre chose, quelque chose qui, toujours dans son esprit, n'existait plus, ce qui justifiait largement que l'on en parlât. Et il n'en parlait nulle part aussi bien qu'au buffet de la gare de Lyon. Je l'ai écouté des soirs et des soirs réinventer un monde peuplé de personnages morts depuis longtemps, et qui le conduisaient à venir ici pour le seul plaisir

1. Relativement plus connu sous le pseudonyme de Jean Gabin.

de prononcer leurs noms, qu'il estimait parfaitement conformes au décor, comme on peut se sentir « naturellement » amené à évoquer Mistinguett sous la verrière de Boffinger, Sarah Bernhardt autour des petites lampes roses du Transsibérien, ou Hemingway au Harry's Bar. Je l'entends encore : « Scott a dîné là où t'es assis. Scott, tu sais, le mec du pôle Sud... Clemenceau venait aussi... et puis Tuney[1]... Gene Tuney... celui-là avait la classe... la vraie. » Catégorique en toute chose, le Vieux avait des idées très arrêtées sur ce qu'il appelait « la classe », accordant toutefois ce label aux gens les plus inattendus et plus singulièrement aux anciennes gloires du sport : « Suzanne Langlen... Georges Carpentier... », de sorte qu'on ne savait jamais trop s'il fallait entendre « la classe » dans le sens que lui donnent les journalistes sportifs ou dans l'entendement des chroniqueurs mondains.

– Dans six mois, il sera clochard ! décrète Véra. Il est incapable de repasser une chemise !

Son entêtement est grotesque, confirme Adrienne.

Le vent a tourné. Il ne s'agit plus du Kid mais de Sévère. Depuis un moment, exactement

---

1. Brillant universitaire américain, devenu champion des poids lourds après une retentissante victoire sur le célèbre Jack Dempsey.

depuis qu'elles ont attaqué les escargots, les deux chéries ne parlent plus que de Sévère... de la probité de Sévère... de ses vices au lit... de sa mémoire des textes... aussi de son talent... exégèse réveillant la mégalo de Véra.

– Son talent c'est moi ! affirme-t-elle en tournant un morceau de pain dans les alvéoles de son plat d'escargots. Quand je l'ai connu, il pesait quatre-vingt-dix kilos et jouait les « rondeurs comiques » à Mogador. Il chantait La *Fille du Bédouin* en djellaba. C'était effrayant. Mais mon instinct ne m'a pas trompée...

– L'instinct, c'est ton truc, je dis en essayant d'imaginer ce que peut bien dire la dame au feutre rouge assise en face de nous, à côté d'un type en veston pied-de-poule qui vient de repousser son assiette d'écrevisses yougoslaves d'un grand geste italien.

– Ce petit gros qui se trémoussait, poursuit Véra, avait le regard traqué d'un type qu'on a mis là et qui voudrait se sauver, mais qui ne peut pas, alors il fait exprès d'être encore plus mauvais que les autres. Tu vois ?

Je vois effectivement très bien Sévère tournant en dérision un Bédouin, un cosaque zaporogue, même Sganarelle, je l'ai assez entendu tourner en dérision son propre personnage. Sévère n'est jamais aussi bon que dans le rôle de Sévère.

Assise près de la fenêtre donnant sur les quais, l'élégante au feutre rouge a dû se plaindre de la climatisation. Le maître d'hôtel ouvre une imposte. Les rideaux de macramé demeurent étrangement immobiles, comme si l'air était absent sous l'immense verrière couveuse d'express. Et puis, brusquement, venant d'en bas, retentit une *Marseillaise* surprenante, tout à fait incongrue.

– Pour qu'il devienne un acteur, poursuit Véra dont la voix me parvient mêlée aux cuivres de la fanfare, il fallait qu'il maigrisse et qu'il souffre. Je lui ai fait perdre vingt-cinq kilos en le suçant matin et soir, et je lui ai fait tellement de vacheries qu'il a eu onze « rideaux » dans *Boubouroche* !

Adrienne risque une remarque à propos du vin blanc, Véra continue de parler de Sévère, mais peut-être aussi du vin blanc. Je dis « oui », je dis « t'as raison », je dis « c'est la vie ». Déjà un bon moment qu'à travers les éclats de la fanfare j'écoute les deux autres, ceux d'en face : attablés sous un panorama rose et bleu de la baie de Monte-Carlo (œuvre vertigineuse de monsieur Mignonet), ils semblent couler au fin fond des abysses. Elle, surtout. Car, je l'ai dit, ils sont deux : une dame et un monsieur, plus exactement une dame et un type. Je me comprends.

Deux personnes en train de mourir.

Deux personnes qui ont commencé à se quitter dès les hors-d'œuvre et pour lesquelles ça va visiblement de mal en pis. Lui porte un prénom assorti à son veston pied-de-poule : Mario. C'est ainsi, en tout cas, que l'appelle, d'une voix brisée, la dame qui, elle, a plutôt des allures à s'appeler Coco, ou Chanel, ou quelque chose comme ça. Elle porte une alliance. Un mince anneau d'or blanc.

Pour comprendre ce qu'ils disent, il faut vraiment écouter, comme je le fais, tellement ces cochons-là parlent bas. « Je ne comprends rien à ta lettre, chuchote le nommé Mario… (Il déplie un rectangle de "vergé" vert pâle.)… Tiens ! Tu m'as appris l'amour… C'est écrit. » Le feutre rouge s'agite horizontalement. « Ce sont des formules, Mario. Pour faire joli. – Quand tu hurlais dans mes bras, c'était aussi pour faire joli ? Tu veux que je répète ? – Non, non ! » s'oppose vivement la dame. Du bout des ongles, elle désigne le paragraphe litigieux : « D'ailleurs, lis un peu ma lettre jusqu'au bout. Tu ne parles que du début, quand je te dis "je t'aimais". Mais lis un peu la fin : "il ne faut plus jamais nous revoir". Plus jamais, Mario, tu comprends ? Et même le début, tu le lis mal. C'est écrit à l'imparfait, pas au présent. Tu sais ce que c'est que l'imparfait ? C'est "je t'aimais", au lieu de "je t'aime". Tu comprends la différence ? Pourquoi m'obliges-tu à être dure, Mario ? »

Il baisse la tête, Mario, accablé. La dame effleure sa main, un peu distraitement. « Je t'avais prévenu dès le début que je n'étais pas libre, Mario... Un jour, nous rirons de tout cela, tu verras. » Pour l'instant, il ne rit pas du tout, le Mario. Encore moins lorsque la dame dit : « Surtout ne téléphone pas là-bas, André pourrait décrocher, j'ai déjà eu une histoire voilà quatre ans... rien de comparable avec nous deux, mais une histoire... »

Sur le quai, les trompettes continuent de sonner et les tambours de battre devant la plaque commémorative rappelant aux usagers les noms des cheminots morts pour la France. Il y a tout à coup quelque chose de déchirant, de grotesque et de déchirant, entre les éclats martiaux de la clique et ce couple désaccordé.

À moins qu'il ne s'agisse d'un extraordinaire comédien (mais je le connaîtrais), le nommé Mario souffre comme un Italien, et j'envie ce désarroi dans ce qu'il a d'excessif, c'est-à-dire de momentané. Demain, il n'y pensera plus. La dame, qui à cette minute même le torture, sera loin... arrangeant un bouquet dans une grande villa claire... ou lisant sur une plage... jouant avec ses enfants peut-être... en tout cas, loin de lui. Elle ne l'emmerdera plus.

Moi, j'aurai encore les deux autres sur les reins.

– À supposer, je dis bien à supposer, que j'aille trouver Sévère, ça mènerait à quoi ?

je questionne, pour aérer, sans conviction ni malice, ne souhaitant pas précisément de réponse. C'est oublier que Véra a réponse à tout.

– Il t'expliquera peut-être pourquoi il refuse de rentrer, dit-elle. Comme ça, au moins, je serai fixée.

– Parce que tu ne te doutes pas ? glousse Adrienne en train de sucer les tendons du pied de porc qu'elle vient d'attaquer direct sur les escargots.

– Essuie-toi la bouche, lui dit Véra. T'es pleine de panne. C'est dégueulasse.

Une rebiffe de l'épouse du Kid est à redouter, mais la bienséance l'emporte. Elle s'essuie le menton. C'est vrai qu'elle mange salement. Véra, elle, est extrêmement propre à table. C'est au lit qu'elle est dégoûtante.

Ce geste d'Adrienne me rappelle celui de Moncorgé (assis là, à la même place) attablé devant des moules farcies. « T'es sûr qu'elles sont fraîches ? » demandait-il chaque fois avant de passer la commande. Il demeurait un homme de perpétuelle anxiété, se défiant de tout : de l'inflation, de la météo, des champignons, à plus forte raison des moules, vous pensez ! Éparpillé dans le cinéma, l'élevage bovin et l'amélioration de la race chevaline, il s'estimait en proie à la malignité des producteurs, des pécores et des jockeys. Tous n'avaient, le visant, qu'intentions cupides. Croyait-il vraiment cela ? La vie, à l'écouter, n'avait jamais été facile, l'obligeant à s'accrocher dur, à batailler ferme. Sévère le rejoint sur bien des points. Chez l'un et l'autre, cette même angoisse du lendemain, plus compréhensible chez le premier que chez le second, mais les peurs d'enfant se raisonnent-elles ? Quels que furent les triomphes de Gabin, Moncorgé conservait le souvenir de ces jours lointains où il sautillait derrière les plumes de Mistinguett sur la scène des « Folies Bergère », époque où, selon son expression, il jouait « les becs de gaz dans le brouillard » parmi cinquante autres boys. Eh bien, aussi incroyable que cela puisse paraître, ce brouillard continua d'environner sa vie.

Un exemple entre mille : à un journaliste le tarabustant sur les salaires des vedettes, je l'ai entendu répondre : « Si on touche autant, c'est parce qu'on fait un métier saisonnier. » Il en demeurait convaincu après quarante années de vedettariat. Tenter de détourner ses craintes eût été le désobliger. Combien de fois m'a-t-il énuméré les maux susceptibles d'interrompre si fragile destinée : l'hémiplégie, le gâtisme, un œil crevé, la calvitie, sans compter ce caprice des dieux appelé aussi « box-office » ? Lui faire remarquer que depuis *La Bandéra*, en 1926, son indice était toujours resté extrêmement favorable n'atténuait en rien son tourment, mais, en revanche, démontrait votre inconséquence. Cela signifiait, à tout le moins, que vous ignoriez la GUERRE. Si j'écris ce mot en capitales, c'est que la GUERRE tenait une place capitale dans la vie de Gabin et que Moncorgé la rendait responsable de tout : de ses cheveux blancs, de ses ennuis de boyaux, des étés pourris, de la baisse de la moralité comme de celle des recettes de cinéma. Il en était inconsciemment arrivé à une définition totalement manichéenne du monde, lequel se révélait tout bon ou tout mauvais selon qu'il s'agissait de l'avant ou de l'après-guerre. « T'es trop môme pour avoir connu », me ripostait-il. C'était bien vrai. Mais j'avais tout de même compris que son avant-guerre était une sorte de bazar perdu, de kermesse évanouie, où s'entassaient les nuits russes de Kessel, le paquebot *Normandie*, les Six Jours de Paris, une fiscalité encore supportable, mais encore, et surtout – bien qu'il n'en soufflât mot – le rendez-vous orbital avec un chaloupeur néo-romantique, canaille et désabusé, destiné à être accommodé à toutes les sauces et qui s'appelait provisoirement Pépé-le-Moko.

Les profils d'Alexis Moncorgé sont, en ma mémoire, aussi variés que les pommes de Cézanne et, au portrait que l'on pourrait appeler « Gabin aux moules farcies », je superpose parfois celui, tout aussi parcellaire mais plus affiné : « Gabin tournant le dos à la mer », qui se situe approximativement autour des étés 65-66. À cette époque-là, ne grelottant pas encore sous les chagrins et passant très volontiers de l'anorak au bermuda, je participais encore au carnaval des saisons. Aujourd'hui, j'enfile les mêmes frusques été comme hiver. Cela devient même une attitude. Une espèce de pose, pas très maligne, quand on arrive à l'âge où l'on devrait soigner les apparences, se coiffer net, porter des pulls bariolés, des petits foulards, en somme égayer la devanture. Mais, dans ce cas, pourquoi ne pas épousseter aussi le répertoire ?

Oh ! je sais bien, madame Agnès affirme que j'amuse encore. Mais Clodomir voit autrement, qui me conseille d'aller glaner du côté des cafés-théâtres où l'on m'inoculerait – croit-elle – le ton nouveau. Je m'y suis rendu, une fois. En vain. Après le spectacle, je suis allé féliciter les petits artistes. J'ai fait celui qui s'était bien amusé. Ils m'ont remercié bien poliment d'être venu et puis… et puis on s'est dit au revoir parce qu'on avait vraiment rien d'autre à se dire.

Je n'ai peut-être plus rien à écouter de personne ? Plus rien à apprendre, non plus qu'à enseigner ?

Depuis des années qu'on fabrique des phrases, on finit par parler tout seul, par répéter les mots qu'on disait au temps des débuts et qui reviennent sans qu'on les reconnaisse. On est sûr d'avoir déjà dit ça, dans le temps, quelque part, à quelqu'un, mais on ne sait plus très bien où, ni à qui.

Pour revenir au tableau « Gabin tournant le dos à la mer », ce n'est plus au buffet de la gare de Lyon qu'il faut planter le chevalet, mais dans le grand vent : à Sainte-Anne-la-Palud, près de Locronan et de son église verte. Une longue plage sans campeurs, ni personne, juste un hôtel posé sur le sable. L'énorme épave d'un chalutier pourrissait sur la grève, là, en plein sous les rideaux bonne-femme de la salle à manger. On l'a enlevée depuis, j'ai appris, à cause des rats. Les petits enfants doivent le regretter.

À l'époque, Moncorgé en avait déjà trois – je parle des enfants – et moi encore deux. C'était soi-disant pour eux qu'on allait à Sainte-Anne. L'alibi du bon air. Cette soif d'iode en occultait une autre moins altruiste : la soif de gros-plant, un blanc fruité au sujet duquel Moncorgé prétendait pouvoir soutenir une thèse. Parfaitement envisageable. Attribuant au bianco des vertus diurétiques, il appliquait le traitement de choc ! Et pas qu'avec les huîtres ! Avec les homards, les sardines, les crevettes, les bigorneaux, des fois même avec rien du tout ! La médecine pure !

Sa grande information du matin : savoir le picrate au frais. Sa grande pétoche : savoir les enfants sur la plage. Les supposer à proximité de l'eau le faisait pâlir, les supposer dedans l'empourprait. Sachant les rapports hystériques qu'il entretenait avec la mer, comment imaginer le second maître Alexis Moncorgé en plein Atlantique sur un liberty-ship ? Incroyable ! Plus incroyable encore si l'on veut bien se souvenir qu'à l'époque où Alexis Moncorgé s'engageait dans les Forces navales françaises libres, un fabuleux contrat liait encore la Twenty Century Fox avec Jean Gabin, lequel – étant depuis longtemps de la quille[1] – pouvait rester à Hollywood en attendant que ça se tasse. Au lieu de quoi, le voilà, courant les océans infestés. Personne n'a jamais pu démêler les dessous d'une pareille folie. Était-ce pour sauver la France ou pour épater Marlène Dietrich ? Comment savoir ?

Aujourd'hui encore, qui se vanterait de pouvoir regarder, sans frémir, les photos de Moncorgé en uniforme de fusilier marin ? Lui-même ne frémissait-il pas rétrospectivement à l'évocation d'une certaine nuit sur l'Atlantique nord, nuit durant laquelle il avait « blanchi en cinq minutes » ? Le récit du vieillissement instantané du second maître Moncorgé

1. Susceptible d'être démobilisé.

demeure, pour ceux qui l'ont entendu, parmi les très hauts moments de Gabin... vraiment de ces histoires folles... celles dont on se souvient du temps qu'on était soldat... du temps qu'on entrevoyait pas encore la mort... ou seulement celle des autres...

Cette nuit-là, le premier maître était de quart sur la passerelle d'un convoyeur de ces transporteurs de ferraille, eux-mêmes tas de ferraille, appelés « liberty-ship » – baptisés aussi « cercueils flottants » –, en route vers l'Europe. Les U-Boot avaient attaqué au petit jour. Dans le délire des torpilles et les geysers des grenades sous-marines, le premier maître Moncorgé s'était retrouvé à l'abri du plat-bord, à quatre pattes, cuit de peur. « À ce moment, racontait-il, j'ai pensé : "Si Bogart te voyait !" et je me suis retrouvé debout, droit, sous la mitraille ! »

Vingt ans plus tard, tout héroïsme banni, il ne supportait plus la mer que de loin et, s'il lui arrivait d'évoquer incidemment « l'océan rouleur éternel de victimes », c'était en agaçant du bout de la semelle les petits crabes s'agitant dans les flaques miroitantes de la marée basse. À Sainte-Anne-la-Palud, elle se retirait si loin, la mer, qu'on se serait dit pouvoir aller en Amérique à pied.

Ça le rassurait bien.

À l'heure de la sieste, il tirait une chaise de rotin vers l'arrière de l'hôtel, jusqu'à un ancien potager aménagé en parking : cinquante mètres carrés de terre brune cernée de genêts. Là, au milieu des tôles surchauffées, dans l'odeur d'huile, tournant résolument le dos au grand large, il dévorait *Paris-Turf* jusqu'à l'heure du dîner, n'interrompant sa lecture que pour s'aventurer ponctuellement sur la terrasse, s'informer si les enfants étaient toujours en vue, des fois même vérifier à la jumelle avant de s'en retourner traquer l'outsider.

Ainsi passait-il ses journées bretonnes tassé dans le rotin, au milieu d'un parking, à lire *Paris-Turf* et à se faire du mouron comme personne.

Mais l'angoisse armoricaine ne donnerait qu'un abrégé de ses tourments, si l'on n'y ajoutait l'éloquence sacrée et, plus singulièrement, les oraisons funèbres. « À supposer qu'on te passe commande du panégyrique de mézigue, tu dirais quoi ? » Rejetant ce détestable postulat, je préférais m'exercer la voix sur des personnages moins familiers... le maréchal Foch... Clemenceau... Cécile Sorel... avec, pourquoi ne pas l'avouer, une prédilection pour les prix de vertu... Peggy... Boussicot... Ève Curie... ce genre-là. Elle datait du déjà lointain tournage des *Grandes Familles*, cette marotte funeste, depuis très précisément le jour où, devant discourir sur un grand poète disparu, je m'étais embarqué dans un pastiche de Bossuet, d'un Bossuet expédiant Claudel dans l'immortalité devant les actionnaires de Gnome et Rhône[1]. « Fallait-il qu'en ces heures où le crime et la violence submergent le monde, tonnait le comédien Julien Bertheau en la cathédrale des studios d'Épinay-sur-Seine, fallait-il qu'en ces heures où l'agneau doit renaître, fallait-il qu'un poète rendît son âme à Dieu ? Ah, nouvelle funeste ! Au-delà de ses proches affligés, de son pays meurtri, c'est la chrétienté tout entière qui demeure frappée de douloureuse stupeur. L'illustre Trucmuche[2] n'est plus. Et devant l'ampleur de ce deuil, devant l'étendue de cette peine, comment ne pas évoquer un autre deuil néfaste, une autre peine collective qu'une grande voix proclama en citant les paroles du prophète : "Le roi pleurera, le prince sera désolé et les mains tomberont au peuple de douleur et d'étonnement." Oui, ce deuil est grand, oui, ce mort est glorieux. A-t-on jamais vu en effet, conduisant l'un des siens au seuil des ténèbres, escorte plus auguste, réunion plus illustre[3], assemblée plus

---

1. Ambassadeur de France et poète catholique, monsieur Paul Claudel, de l'Académie française, était, par ailleurs, membre du conseil d'administration de la société Gnome et Rhône, dont les bénéfices de guerre lui furent reprochés à la Libération. Une ode au général de Gaulle passa ces bénéfices par profits et pertes.
2. Dans le film, le poète s'appelait Jean de la Monnerie.
3. Alignés sur les prie-Dieu, se trouvaient là : Gabin, Brasseur, Dessailly, Clarion et Seigner, réunion assez illustre, en effet.

puissante ? Puissance accordée par celui qui la détient toute à quelques-uns de ceux qu'il juge les plus dignes d'en user. Terrible puissance de la richesse ! On frémit à l'idée de l'emploi qui pourrait en être fait si elle ne reposait en des mains éclairées. Mais si Dieu a visiblement protégé cette grande famille, c'était peut-être seulement pour qu'en vertu des desseins impénétrables de Sa Sainte Volonté, un prince de l'industrie veille au destin d'un poète. Et, aux pieds de ce poète aujourd'hui triomphant, déposons ces beaux vers qu'il chanta en des jours exaltants et qui le situent tout entier :

"Mon cœur sonne avec vous, cloches des cathédrales,
Cloches de Notre-Dame, de Lourdes et de Lisieux,
Cloches de ma patrie, airain de l'espérance,
Cloches de France,
Cloches de Dieu..." »

Il s'était éclaté en larmes, Moncorgé, quand je lui avais asséné ce couplet pour la première fois au-dessus d'une mouclade. Et puis il avait repiqué au truc, comme à une drogue, au point de réclamer, par-ci par-là, de petites instillations : « Sur mon cercueil, qu'est-ce que tu balanceras ? » Je ne trouvais pas ça du tout drôle, alors. Aujourd'hui, moins encore. Si j'évoque, c'est à cause de l'endroit, des souvenirs qui s'effilochent sous les plafonds dorés, qui courent dans les fresques.

Ce Train Bleu sidère, j'ai entendu dire, énormément les Scandinaves, les Sibériens, tous ces voyageurs venus des gares froides. Moi, ce qui, au contraire, m'étonne, c'est que le café n'y soit pas servi par un « mamamouchi » avec des moustaches en croc et des pantalons de satin bleu.

Sous l'immense verrière, la fanfare s'est tue. À l'heure qu'il est, clairons et tambours picolent sûrement à la buvette, trinquant à la santé des morts.

Le nommé Mario vient de régler l'addition, qu'il plie religieusement et glisse, comme une lettre d'amour à relire, dans un porte-cartes en skaï.

– Tu imagines un peu quand les clients apprendront ?

– Quels clients ? je fais, cueilli en plein nuage par cette question d'Adrienne.

– Les clients du Grand Vizir, développe Véra, volant au secours de sa copine.

Je les regarde toutes les deux. Elles continuent de s'empiffrer à pas croire. Elles en sont aux choses dégoulinantes. Les profiteroles marronnassent aux commissures d'Adrienne. Comme tout à l'heure pour le pied de cochon, l'autre lui dit de s'essuyer. Adrienne passe délicatement sa serviette sur sa bouche, lèche un reliquat de choco, puis expose ses affres.

– Quand ils apprendront que le Kid se teint, se frise et se manucure, tu réalises un peu l'effet ? Bonjour, ma réputation !

– Tu sais que je t'aime bien, Adrienne. Mais entre nous, ta réputation…

– Quoi, ma réputation ? elle hurle.

– Rien. Mange.

Des deux mains, bras tendus, elle repousse son assiette vers moi.

– J'ai plus faim ! Voilà !

– Dis pas de bêtises. Tu risques de regretter.

J'attrape la cuillère et lui présente une profiterole à la becquée, puis une autre. Ses larmes coulent en plein dans le chocolat. C'est assez vilain.

– Allez ! je l'encourage. Une cuillère pour Véra… une pour moi… une pour le Kid… (J'enchaîne vite avant qu'elle piaille.) Il va se ressaisir, ton julot, j'en suis sûr ! C'est juste une petite défaillance ! Rappelle-toi le Cirque d'Hiver, avec ton oncle Aramis, le soir où le Kid a étalé raide le Panaméen.

– Tu y étais ?

– Tu m'as raconté. C'est exactement pareil.

Elle hausse les épaules, pas trop convaincue ; sûrement elle aimerait croire à une guérison possible, mais elle n'y arrive pas, malgré les efforts. L'image qu'elle conserve du Kid en porte-jarretelles devant la psyché, cette vision lui glace le cerveau à jamais. Oui, à jamais. Parce que ça fait partie des choses qui ne s'en vont pas. Cela peut aussi bien être le souvenir d'une longue matinée de pluie en Sologne, ou de ces douces soirées d'été au bord de l'Yonne, cela peut être aussi la caresse d'un regard de femme derrière la vitre de l'autobus qui passait là l'autre jour, il y a vingt ans, un de ces souvenirs dont, à l'instant où ils s'imprègnent, on sait qu'ils seront inaltérables. Pour moi, ce fut un flash sanglant qui me déchira la rétine. Après, on continue de vivre, bien sûr, mais dans le noir, définitivement, on fait semblant de reconnaître les gens, on leur dit bonjour, on rigole avec, on leur tape dans le dos, ils vous disent : « Qu'est-ce que vous avez comme talent, vous alors ! », vous répondez : « Merci monsieur, merci madame », mais tout ça dans le noir, complètement dans le noir, le noir absolu.

Elle n'en est pas encore là, Adrienne. Non, bien sûr. Pas encore. Le regard flousaille, elle essuie encore une fois sa bouche chocolatée – sans doute rêve-t-elle encore un petit peu de la soirée de boxe au Cirque d'Hiver, au Panaméen qu'elle aurait peut-être dû épouser plutôt que l'autre folle – et puis tout à coup, les yeux secs, elle démarre en trombe dans les vrais souvenirs, les importants, ceux de la jeunesse, la voilà qui évoque un amant de tout à fait autrefois, un VRP qui, soi-disant, l'aurait dépucelée dans un hôtel de vacances du Crotoy, juste au moment de la « passée » du soir, quand les canards sauvages arrivent en escadrille de Saint-Valéry et traversent la baie de la Somme en poussant des cris. Elle a oublié le nom, le visage, la queue du VRP. Elle ne se souvient que des canards. Et puis aussi qu'elle avait quatorze ans quand ça lui est arrivé.

– Moi, j'en avais douze, dit Véra.

– Oh, là, là ! s'épouvante Adrienne. Tu ne vas pas nous repasser le film des frères Mallocène en VO !

Elle a raison, la petite dame. L'autre serait capable de nous reconfiturer la tartine des vacances dans le Lot et de la cabane au pucelage, avec les guêpes et les abricots et tout ça. Au secours ! Pour dévier plus complètement le péril, je relance la conversation sur le Kid, dans le panégyrique cette fois, sans retenue : la classe du boxeur... la fidélité de l'époux... la loyauté de l'ami. Mais Adrienne intervient à nouveau, cette fois au bord de la sténose.

– S'il te plaît tellement, ton pote, prends-le en pension ! se violace-t-elle. Adopte-le !

Autour, les dîneurs s'intéressent, plutôt contents. J'ai le pot que Véra coupe court pour revenir au seul cas qui réellement la passionne : le sien.

– Ce qui t'arrive est bien bouleversant, ma biquette. Mais figure-toi que t'es pas la seule ici-bas à connaître un couac. (Son regard s'accroche à moi comme par inadvertance.) Si on recausait un peu de La Rochelle, minet joli ?

– On ne peut plus s'emmerder tranquillement ! geint Sévère.

Il n'a pas l'air autrement surpris de me voir. Les gens sont ainsi. Parfois, c'est un genre, notez bien, des indifférences de figure, des grimaces, sans plus.

Parce que, finalement, comme il fallait bien que quelqu'un se décide, c'est moi qui ai sauté, bonne pomme, dans le train de La Rochelle. Voilà. Une veille de Pâques pour tout arranger... je n'avais pas réfléchi à ça... une veille de Pâques, ça veut dire des compartiments bourrés de haveneaux, de ballons, de pagaies, de planches à voile et surtout de gniards énervés au possible.

Sévère aussi est énervé. Après bien des recherches, je l'ai débusqué loin de la porte océane, même assez loin de la ville. Le chapiteau RTL est dressé sur le pré aux comices, au milieu de verdures absolument pas maritimes, un coin à vaches, une vraie horreur.

– Tu trouves pas que la Véra aurait pu venir elle-même ? bougonne-t-il. Remuer un peu son gros cul ?

– Elle aura peut-être eu peur.

– Peur de quoi ? T'as déjà vu des carnes de cette espèce avoir peur de quelque chose ?

Je manque d'exemple. Percevant mon embarras, Sévère pousse son avantage :

– Elle t'envoie pourquoi ? Qu'espère-t-elle encore m'extorquer ?

– Je crois qu'elle aimerait que tu reviennes. Oui, simplement que tu reviennes.

– Si c'est ça, qu'elle aille chier ! Dis-le-lui bien !

– Je lui dirai. Elle s'étonne aussi que tu ne lui aies pas répondu.

– Répondu à quoi ? À sa bafouille de merde ? Une tartine de trois pages, dis donc ! Trois in-quarto de pures conneries ! Soi-disant le chat s'ennuie de moi... il pleut à Paris... le fibrome de sa mère est finalement un cancer... Tout ça, je te demande un peu : qu'est-ce que j'en ai à cirer ?

– Je te trouve bien exacerbé.

Il hausse les épaules et entreprend doucement, méticuleusement, de se masser le nez. Son regard tourne au flou.

– J'aurais préféré recevoir un peu de ta dramaturgie plutôt que celle de cette enflure, finit-il par articuler, sans cesser de se triturer le tarin.

– Qu'est-ce que tu veux que je t'écrive ?

– Je ne te parle pas de « m'écrire », mais « d'écrire ». Tu n'as pas trop l'air de saisir la nuance.

Je ne connais au monde que Sévère pour appeler cela une nuance. Comment ne pas saisir, en vérité ? Surtout comment se défiler ? Il est branché, et pas d'hier, sur la perspective d'un rôle, comme Adrienne est branchée sur la rédaction des mémoires de Marcel « Kid » Forgeon... avec la même frénésie hargneuse... envisageant ma contribution comme une espèce de redevance... de réparation... à ceci près que Sévère traite directement.

– Tu ne m'as jamais dit que le cinoche t'exaltait...

– Pas le cinoche, gémit-il, le pognon.

– Dans ce cas, je rentre et j'écris ! Quel rôle te ferait plaisir ? D'Artagnan ? Schweitzer ? Napoléon ? L'ange Heurtebise ?

Il se marre. Il cesse de se tripoter le nez et se marre à petites secousses, façon paysanne. Du coup, je le retrouve. Il est drôlement péquenot, finalement. Sa mère, veuve de guerre, était « tabac-buvette » à la Ferté-Saint-Aubin. Quarante années de bitume parisien n'ont pas réussi à décoller de ses semelles le sable solognot, la terre à asperges. Il a gardé intactes les vertus de là-bas : l'avarice, la méfiance, une certaine sournoiserie, mais aussi, et alors là très personnelle chez lui, une alternance de balourdise et d'extrême finesse, suivant qu'il pense ou qu'il parle. Autodidacte arrogant, c'est de ses lectures qu'il tient ce phrasé parfois affecté, ces roublardises gothiques, on peut même dire qu'il est méchamment « du Voyage » question éloquence et pia-pia. Bardamu lui a tellement pas allumé la tête qu'il appelle son chat Bébert[1] et baptise sa bignole madame Bérange[2]. Que ça !

– Qu'élabores-tu en ce bel aujourd'hui ? phrasibule-t-il en prenant, impromptu, sa voix de théâtre.

– Un truc pas terrible... pas terrible du tout... Ça s'appelle *On ne meurt plus d'amour aux îles Borromées*...

– Ça fait démodé, soupire-t-il. Vachement démodé.

– Ce n'est pas le titre définitif.

– Tant mieux ! C'est quoi l'argument ?

– Une histoire de canaillerie... d'amour et de canaillerie...

---

1. Bébert : le chat du comédien Robert Le Vigan, devenu par la suite le chat de Louis-Ferdinand Céline et son compagnon d'exil à Sigmaringen, puis au Danemark, et, de ce fait, le « greffier » le plus illustre de la littérature française.

2. Déjà aussi fameux que le célèbre « longtemps je me suis couché de bonne heure » de la *Recherche*, c'est le début de *Mort à crédit* :« Hier à huit heures, madame Bérange, la concierge, est morte. C'était une douce et gentille et fidèle amie. Demain, on l'enterre rue des Saules. »

– Il y a un rôle pour moi ?

– Hélas non, pépère, hélas non.

– Raconte toujours ! Pépère jugera !

Eh bien, pensais-je, si Véra était là et nous entendait ! Mais le plus cocasse, c'est cette soudaine attention de Sévère, cette « participation » déconcertante. Il a l'air de trouver extrêmement naturel que je me sois farci sept heures de dur pour venir lui raconter une petite histoire. Attentif comme il est, j'en suis pas sorti ; je vais devoir plancher à mort, ramer comme un oxfordien.

– Comment te dire ?... Ça commence avec une fille...

– C'est pas mon rôle, ça ! glapit l'amant officiel de Véra. Parle-moi de mon rôle !

– Si je raconte pas dans l'ordre, je vais me paumer...

– Bon. Alors raconte dans l'ordre.

– Ça commence, je disais, par une fille, une plutôt jolie fille, qui fait son « tour » dans une boîte... ce genre de tour s'appelle un strip-tease et la fille s'appelle Virginie...

– Ça fait démodé.

– Ce n'est pas son vrai nom.

– Tant mieux !

Il faut que j'invente au fur et à mesure, que je pense à garder l'air sérieux, comme si tout ça était bel et bien tapé à la machine, ronéotypé à deux cents exemplaires, broché et tout, distribué aux acteurs.

– Le Crazy Horse, tu connais ? Bon... tu vois le décor ? Imagine un peu la grande glace derrière le bar, avec plein de zèbres alignés... des Belges, des Turcs, des Zaïrois... ils transpirent. Ils transpirent parce qu'ils sont habillés. Virginie, elle, est à poil, enfin presque. On doit tout de suite sentir que quelque chose cafouille. Tout en faisant strictement son boulot par habitude, Virginie « n'y est pas ». Elle propose son cul à des centaines de regards, mais elle fait la gueule. À quoi pense-t-elle ? Virginie pense à Virginie. Et Virginie en a marre de cette Virginie-là. Pas seulement marre de faire ce qu'elle fait en ce moment, mais marre de tout. Ça fait partie d'un ensemble[1].

Dans sa loge, Virginie retire ses faux cils, sa perruque, s'enduit le visage de gras. Elle apparaît telle qu'elle est. Une belle plante, bien sûr, mais déjà marquée par dix ans de nuits, avec tout ce que ça comporte de cigarettes en plus, de scotchs en trop et de tout le reste. Les à-côtés. Car il y a les à-côtés, qu'on le veuille ou non. Pas tous les soirs bien sûr, mais quand même assez souvent. Trop souvent. Ces à-côtés se manifestent en la

1. Sitôt qu'on parle de cinéma, à remarquer l'élocution débile, le style « il était une fois ». On se met d'un coup à parler lentement, appliqué, avec des mots, pour être sûr d'être bien compris, pareils à ceux de la maîtresse du temps qu'on était petit enfant. Oui, c'est ça, on retombe en enfance.

personne de Violette qui surgit, déjà rhabillée, dans sa loge.

Violette, c'est un peu ce que précisément Virginie ne voudrait pas devenir. À ce propos, précisons un peu les choses. Virginie est une vraie strip-teaseuse. Vedette dans sa partie. Mais si, de temps en temps, elle termine la nuit pas toute seule, du moins a-t-elle choisi, dans une certaine mesure, son partenaire. Alors que pour Violette, le strip-tease est plutôt une forme de racolage pas trop illégal, presque licite. Elle se réveillera de toute façon dans une chambre du Prince-de-Galles ou du George-V, et pas toute seule.

Virginie se rend-elle tout à fait compte que sa petite copine est une pute ? Bien sûr que oui. Mais c'est une vérité autour de laquelle elle préfère tourner. Parce qu'alors, à cause de certains soirs, à cause de certaines complicités, occasionnelles peut-être, mais bel et bien consenties, une analogie pourrait s'établir. Virginie préfère le doute, elle a toujours préféré le doute, toujours préféré croire à des malentendus. Sauf ce soir. C'est justement parce qu'elle en a marre de jouer à « préférer croire » qu'elle envoie rebondir Violette et son invitation.

Ça tombe mal, deux michetons australiens – deux frères qu'elle appelle les kangourous – ont retenu une table à La Calavados. Violette les décrit avec le plus d'enthousiasme possible. Mais Virginie connaît trop bien le cycle : on soupera, puis on ira reboire des scotchs dans une boîte, chez Régine ou ailleurs, toujours pour faire semblant, pour rejouer le numéro – qui ne trompe personne – de l'emballage hasardeux.

Elle a parfois marché. Elle ne marche plus. Elle a envie d'aller au diable. Elle en a marre de sa peau, à plus forte raison de celle des autres. Elle décarre, laissant sa petite copine en rade. Où va-t-elle ? Un peu partout.

Elle traîne en bagnole, obligatoirement dans les quartiers où on se couche tard : rue Vavin ou rue Fontaine. Elle gare finalement sa charrette devant un resto de nuit. Le patron la tutoie. Il l'installe à une table, fait servir deux verres, bavarde avec elle. Une ambiance réchauffante, presque familiale. Puis c'est la sortie des boîtes, les nuiteux débarquent, le patron est repris par ses soupes à l'oignon. Virginie reste seule devant son verre. Le garçon lui demande si elle dîne, elle hésite. Et puis non. Elle dînerait seule et elle ne sait plus, depuis longtemps, dîner seule. On a beau ne plus blairer personne, la solitude devant des poireaux-vinaigrette est pire que tout. Un signe amical au patron et Virginie décarre.

À nouveau la bagnole. C'est irréfléchi, totalement machinal : comme on retourne à l'écurie, Virginie repique sur le Rond-Point, les Champs-Élysées, l'avenue George-V, où l'enseigne du « Crazy Horse » est maintenant éteinte.

Peut-être prend-elle un autre verre dans un autre resto de nuit ou dans un bar, par acquit de conscience, pour avoir fait le tour des possibilités. Là aussi, le patron la tutoie, mais là aussi, c'est la perspective de dîner seule. La volonté n'est pas la qualité dominante de Virginie. La voilà finalement qui échoue à La Calavados, à la table où Violette fait semblant de s'amuser avec ses deux « kangourous ». On lui fait une vraie petite fête. L'ambiance est à la rigolade. Les deux mecs font un forcing accablant. Violette est sur la même longueur d'onde. Pas Virginie. Virginie blues et ça se voit. Elle mange, elle fume, mais sans moufter. Quand elle en a bien marre d'entendre débloquer sa petite copine et les deux pécores, elle écrase sa cigarette dans le sorbet au citron, se lève et balance qu'elle a mal à la tête. C'est peut-être le foie ou l'appendicite. Bref, elle va se coucher. En termes clairs, ça veut dire se coucher seule.

Les insulaires sont tout désespérés de voir partir la jolie mignonne. Violette, qui veut rembiner son coup, dit que trois est un chiffre qui lui porte bonheur, mais les deux kangourous sont coincés. Violette s'excuse, improvise une confidence primesautière, dont elle ferait mieux de se passer, sur les maladies des dames, et fait la courette à Virginie qu'elle ramasse pas très loin de la sortie :

– Qu'est-ce qui te prend, ils sont gentils, non ?

Virginie ne conteste même pas.

– Oui, ils sont gentils, ils sont même presque agréables. Ils sont en tout cas pas plus cons que ceux des Arts ménagers, du Salon de l'auto ou des « Floralies ».

Elle file sur un « vaya con Dios » lancé à la sauvette, mais, au bar du rez-de-chaussée, une main l'arrête.

– Puis-je, mademoiselle, vous offrir une consommation ?

Le mot « consommation » opère comme un signal sur Virginie qui se retourne. Le type assis au bar affiche une quarantaine enroulée de cashmere. Plutôt beau mec.

– Barman, deux scotchs.

– Tout de suite, monsieur Jean-Claude.

Sitôt le garçon tiré, Virginie et monsieur Jean-Claude se regardent, puis, de son poing fermé, le quadra appuie doucement, presque avec tendresse, contre le menton de Virginie qui se marre. Tout se met à aller vite. En moins de deux, on apprend quantité de trucs et de machins, par exemple que Virginie s'appelle Agathe et que monsieur Jean-Claude s'appelle Francis.

– Je t'ai cru mort !

– J'ai bien failli.

C'est à Poissy qu'il a failli périr, le beau Francis, pour une histoire de billets de 500 mal talqués. Il s'en explique sans gêne aucune.

Francis n'est pas un voyou de comédie. S'il critique les méthodes judiciaires, ce n'est pas sur le ton farce, mais avec amertume, sur ce ton assez déconcertant des types qui vivent en marge depuis toujours et qui, très sincèrement, très objectivement, ne situent plus les frontières où finit un promoteur, où commence un escroc. On peut vivre toute une vie sur des ambiguïtés de ce genre.

Virginie, précisément, a aussi des ennuis avec ces frontières. Se défendre et faire le tapin, elle voudrait bien que ce soit pas pareil. Que ça veuille pas dire la même chose, enfin pas tout à fait. Elle a des coquetteries avec la grammaire.

Mais si Virginie use un peu beaucoup des métaphores, c'est absolument sans humour. « Dîner en ville », c'est son langage, « coucher en ville », ça ferait mot d'auteur, ça ne ferait plus partie du code. Un code que Francis comprend, que Virginie pratique et que tous deux respectent. Virginie ne dit pas à Francis qu'elle a envie de raccrocher, d'ailleurs ce ne serait pas tout à fait vrai. Elle voudrait plutôt « dégager » un mois ou deux, prendre des vacances, oublier la nuit, oublier Violette, les dîners en ville, en tout cas faire semblant pour un certain temps.

– Si t'as rien contre l'Italie, j'ai ce qu'il te faut !

Question changement d'air, Francis a en effet ce qu'il faut. Il offre à Virginie deux ou trois semaines de vacances sur le lac Majeur ou le lac de Côme, enfin un lac, quoi... Une villa d'annunzienne avec des urnes croulantes, des balcons drapés de glycine et, s'agitant parmi tout ça, des gens délicieux : les Hamster, tout à fait riches, pas du tout partouzards, enfin bref, des vacances de rêve. Mais Virginie ne rêve plus depuis l'âge de huit ans. En l'occurrence, elle a raison, puisque Francis avoue presque aussitôt être sur un « petit quelque chose », ce qu'il appelle « un truc amusant ».

Il s'agit, explique-t-il, de renflouer un galion coulé dans l'Adriatique...

– Le renflouement d'épave, ça fait brocante ! coupe Sévère, m'interrompant, on voudra bien remarquer, pour la seconde fois. Si t'inventais plutôt une arnaque à la mode ?

– Tu as raison, le choix est vaste.

Admise l'actualisation des diableries, Sévère paraît globalement d'accord. Dès lors, condamné à poursuivre, j'attaque ce que les sportifs appellent le tournant du match et que nous appelons, nous, la troisième bobine :

– Madame Hamster est disposée à subventionner le projet. Francis est formel, Margaret ne jure que par lui.

Chaque matin, alors que tout le monde dort dans la villa, Francis et Margaret sont sur les greens. Ils font leur dix-huit trous (dix-neuf prétendent les employés du Club-House).

Il la distrait. Il la sort. Il l'amuse. Enfin, tout ça. Elle est prête à appuyer à fond son expédition sous-marine. Le mari semble toutefois plus méfiant. Mais non, pas vraiment méfiant, circonspect. Francis regarde gentiment Virginie qui a pigé depuis le début, et c'est plutôt par pure formalité qu'il précise :

– Faudrait que tu le grimpes.

Virginie ne répond pas. Elle regarde serpenter les phares des voitures dans le bois de Boulogne.

Là – et malgré que Sévère, sur le moment, ne se soit aperçu de rien – une parenthèse s'impose. J'ai oublié de préciser que la conversation ne se déroulait plus au bar de La Calavados, mais dans le studio de Francis. Quand on improvise, c'est l'inconvénient, voyez-vous. Faudrait jamais raconter sans notes. J'ai raté, comme ça, d'innombrables affaires. Ça pourrait être un duplex, le studio de Francis. Ou alors un atelier, mais non, plutôt un duplex, un duplex cossu dans un quartier cossu, par exemple avenue du Maréchal-Maunoury.

Virginie regarde donc serpenter les phares des voitures sur l'avenue du Maréchal-Maunoury. Pourtant, elle le connaît, le bois, mais plutôt l'avenue des Acacias, la Cascade, et uniquement en voiture. C'est la première fois qu'elle le voit d'une fenêtre. Elle ne répond ni oui, ni non, à la proposition de Francis. L'arlequin n'est d'ailleurs pas aussi tordu qu'on pourrait le craindre. Si Virginie veut goûter le printemps italien, sans

« grimper » qui que ce soit, eh bien, ma foi, il l'emmène quand même ! Selon à qui il s'adresse, Francis entretient avec le pognon des relations rapaces ou désinvoltes.

– T'es attendue ? demande-t-il.

– Dis donc, y a un moment qu'on m'attendrait !

Puisque Virginie n'a pas de rancart, Francis sort des draps, deux taies d'oreiller, et les voilà qui équipent le divan pour la nuit, tout ça en causant de l'Italie, bien sûr ! Francis y a passé trois lunes de miel avec des dames un peu plus âgées que lui. Sa vision de l'Italie, à travers les touristes américaines, est assez déconcertante : Milan, Rome, Venise, pour lui c'est le Hilton, l'Excelsior, le Danieli. Virginie, elle, connaît l'hôtel Raphaël, avenue Kléber. Elle ne connaît pas l'Italie, mais les Italiens.

Mais ce soir, Virginie ne veut plus y penser. Elle éteint la lumière et reste allongée, tout habillée, dans le noir, gambergeant sur les aléas du projet. Les projets de Francis sont toujours bourrés d'aléas.

De l'image de Virginie dans le noir, nous passons sur un immense plan d'eau scintillant, un soleil presque blanc, le lac Majeur, Stresa et son romantisme échevelé. En face, les îles Borromées, plus échevelées encore.

Virginie plisse les paupières, aveuglée par cette réverbération démesurée. Son maquillage parisien jure terriblement sous cette lumière. Francis, lui, est déjà en tenue : chemise légère, blaser, casquette NASA, lunettes Lacoste. Il est toujours l'homme qu'il faut à la place qu'il ne faut pas, Francis, partout. Ils descendent, un peu ankylosés et très affamés, de la voiture. Ils vont se taper un café et des croissants à une terrasse. Virginie file se faire un raccord aux toilettes. Elle se regarde dans la glace et ne se plaît pas. Elle enlève son rouge, modifie sa coiffure. Elle revient devant Francis qui trempe un croissant.

– C'est bien ?

– Presque !

Il l'embarque aux achats : tee-shirts, chemisiers, jeans légers, tout ça en couleurs vives. Virginie s'amuse, semble reprendre goût à l'existence. La vie avec Francis est incroyablement facile. Virginie avait justement besoin de ça : de temps libre, de futilités, d'un homme qui ne demande rien. Au fond, c'est presque dommage que Francis ne lui inspire aucun désir. Elle oublierait assez facilement que c'est une canaille.

En route pour la villa des Hamster. La Carlottina est gigantesque, somptueuse et délirante, perchée derrière les jardins de Mustapha Supérieur, plus ritale que nature, à un détail près : des femmes de chambre aux maîtres d'hôtel, tout y est britannique. Quand on regarde par la fenêtre, on découvre une Italie de cartes postales, mais à l'intérieur, c'est la Tate Gallery. Ne pouvant pas se permettre d'être en reste, Francis présente Virginie :

– Ma filleule, une des meilleures violoncellistes du monde.

La famille Hamster se compose de quatre personnes, ou, plus exactement, personnages : Margaret Hamster, une cinquantaine de fer. La joie quelque peu débordante qu'elle manifeste en retrouvant Francis éclaire suffisamment la nature de leurs relations. Frank Hamster paraît, d'ailleurs, s'en soucier comme de son premier Rembrandt. C'est un homme très intelligent et très bien élevé. Absolument polaire.

Sa fille, Jennifer, est laide. Ça occupe largement une vie de femme. Elle court les play-boys italiens. Elle en trouve d'ailleurs autant qu'elle veut. Ce qui n'empêche pas Francis d'avoir un ticket. Terrible, vraiment terrible.

Le fils, Peter, est diplômé de Harvard. En plus, il est très beau. « Exprès », affirme Francis, envers qui Peter témoigne d'un mépris total.

Autour d'eux, un univers fabriqué pour les besoins de la cause. En effet, un mois par an, les Hamster encouragent les arts et les délires. Un charter de peintres, de littérateurs, de musiciens, uniformément ringards, envahissent la villa et y entretiennent un climat névrotique. Les Hamster veulent du cirque, on leur en donne. Les artistes veulent bouffer, on les nourrit. Virginie n'est, d'ailleurs, pas du tout dépaysée dans cette ambiance de folie savamment contrôlée. Elle a connu, à Montparnasse et autres lieux, des pique-assiettes autrement virulents. Francis, lui, garde ses distances. La chienlit le déprime et le désordre l'inquiéterait plutôt.

Évidemment, Virginie avait rêvé tout autre chose. La « Carlottina » n'est pas un lieu de repos idéal. Il est impossible de se soustraire, ne serait-ce qu'un quart d'heure, à l'organisation dictatoriale des loisirs, lesquels vont de la complexité des régates à la rusticité du croquet. Virginie aimerait pourtant bien pouvoir lire un polar SEULE, sur la terrasse, faire un peu de bronzette SEULE sur la plage...

Le lendemain matin, toute idée de bronzette est exclue. Il pleut à torrents. Les îles Borromées disparaissent derrière un rideau moiré. Tout est gris : le ciel, le lac, le bateau ancré au large, tout est gris y compris les pensées de Virginie.

Margaret Hamster n'en perd pas pour autant sa belle santé et organise des parties de backgammon, de Cluedo, de yam's, qui harassent ses hôtes. Jennifer a déclaré, dès midi, que c'était un temps pour se faire baiser ; elle n'est pas descendue de sa chambre, où un champion d'Italie – dont on en sait plus trop quoi – lui a monté son plateau.

Ce qui, la veille, au soleil, ne gênait pas tellement Virginie et même l'amusait, la déprime aujourd'hui. L'agitation hystérique de lady Hamster, l'exhibitionnisme de Jennifer, l'incroyable indifférence du maître de maison, le mépris visible de Peter pour sa mère, pour son père, pour sa sœur, pour toute la clique. Mais ce qui gêne le plus Virginie, c'est probablement l'attitude courtisane de Francis auprès de ses hôtes, son approbation des jeux idiots de Margaret, ses plaisanteries pour amuser Frank, ses tentatives pour forcer l'isolement de Peter.

Virginie lui en veut de se prostituer de la sorte, elle ne connaissait de lui que le côté léger. Elle découvre le côté laborieux. Elle croyait connaître un pur-sang, vicieux, roublard, au pedigree chargé, mais pur-sang quand même, elle découvre un cheval de cirque. Elle lui en veut de faire ces choses, mais elle en veut encore plus aux Hamster de les lui inspirer. À tout prendre, Violette n'en faisait guère plus avec ses dîneurs occasionnels et, au fond, le but n'était-il pas le même ?

Virginie a envie de partir. Elle était venue chercher le soleil, elle trouve la pluie. Elle était venue chercher le repos, les contraintes s'accumulent. Oui, elle a sérieusement envie de se tirer. À Paris, au moins, quand il pleut, on peut aller au cinéma ou chez le coiffeur, ou à la Samar. Au bord d'un lac, on s'emmerde, c'est tout. Alors, en attendant de partir, elle sort. Elle emprunte la voiture de Francis et file à Stresa, sans programme aucun, sous les trombes d'eau.

Ça lui rappelle ses baguenaudes dans Paris, la nuit. C'est trop bête. Est-elle irrémédiablement vouée à ça ? Elle échoue finalement dans la boutique où elle prend les jeans, commandés la veille et rectifiés. En retournant à la voiture, elle aperçoit Peter dans une épicerie. Sous la pluie, à travers la vitrine, elle le regarde. Ça l'amuse, le petit milliardaire en train de faire les courses. Elle entre.

– Vous avez donné congé aux loufiats ?

Il ne comprend pas le mot. Virginie traduit. Peter explique que ce soir, à la Carlottina, personne n'a envie d'aller au restaurant, et comme dans toutes les maisons où il devrait tout y avoir, il n'y a rien.

– Vous auriez pu envoyer quelqu'un, suggère Virginie. Ils n'ont rien à faire.

– Moi non plus, je n'avais rien à faire, répond Peter.

Une envie de sortir, alors ? Simplement ? Virginie avoue avoir éprouvé le même besoin. Il la regarde, surpris. Elle sourit, sans raison précise. Lui aussi. Sans raison précise, en effet, parce que c'est plus subtil que ça. À quelques kilomètres d'ici, le confort opulent de la villa, le grand feu de bois, les jeux de madame, ceux de mademoiselle, là-haut. Et voilà qu'ils se retrouvent, tous les deux, les godasses et les cheveux trempés, dans une épicerie, comme à un rendez-vous d'égarés, à une rencontre tellement fragile qu'il suffirait que l'un d'eux dise « au revoir » pour que le fil soit rompu. Mais ni elle, ni lui, ne disent « au revoir ». Ce n'est plus subtil, plus du tout. C'est même très clair.

Et les voilà qui achètent des pâtes fraîches, des spare-ribs, de la soupe de tortue, un tas de trucs à manger. Les voilà maintenant dehors, avec des paquets plein les bras, sous la flotte qui dégringole pire que jamais. Alors Virginie court un risque délibéré.

– On prend les deux voitures ?

– Non.

Le non catégorique de Peter ne la surprend pas, mais elle est contente qu'il ait répondu aussi vivement. Ça prouve qu'il y avait pensé. Ils empilent les victuailles et les bouteilles de chianti à l'arrière de la voiture de Peter. On roule maintenant vers la villa par la corniche noyée dans le crachin. Virginie met la radio. La désolation environnante ne semble plus avoir autant de prise sur elle. Elle fredonne le rock qu'un groupe anglais chante à la radio. Peter fredonne aussi. Ce n'est plus le jeune homme glacé, replié sur lui-même, que nous connaissions. Cependant, leur gaîté s'estompe à mesure que l'on approche de la villa. Ce qui aurait pu être une dînette va devenir un banquet. Ce qui aurait pu être le prolongement de leur rencontre va se dissoudre dans l'absurdité. Mais, au fait, pourquoi ? Qu'est-ce qui les oblige à retourner là-bas ? Qu'est-ce qui les empêche de jouer leur chance ? Arrêtant la voiture en bordure de la plage, en face de l'endroit où le bateau est ancré, Peter coupe la radio et suggère :

– Nous pourrions dîner à bord...

Virginie fait oui de la tête. Sous la pluie battante, ils transbordent les provisions de la voiture au youyou. Et, comme il faudra à nouveau les transborder du youyou au yacht, ils devront ensuite se bouchonner et enfiler des chandails et des pantalons de marin.

La nuit qui va se dérouler aura ceci de particulier qu'il ne s'y passera rien. On écoute le bruit de la pluie sur le pont, on mange de la cuisine chinoise, on essaie de savoir où on va. Virginie se met à la tambouille tandis que Peter épluche les légumes. Ils détestent ça tous les deux. Peter parce que ça lui rappelle l'armée, Virginie parce que ça lui rappelle qu'elle a cuisiné dans sa vie pour trois ou quatre hommes, et qui ne lui en ont pas témoigné une reconnaissance éternelle.

Il va de soi que si Peter cite l'épisode militaire, Virginie s'abstient d'évoquer ses déceptions culinaires. Mais elle y pense, et avec quelques craintes. Peter, pour qui elle tambouille en ce moment, serait-il un nouvel amour dérisoire ? Dérisoire ou pas, ce sera un amour ! Voilà ! Elle n'a pas fui ses embrouilles parisiennes pour retomber dans les histoires de plumard. Sûrement pas. Elle a d'autant moins de mal à sauvegarder ce principe que son compagnon ne manifeste aucune impatience. Il donne momentanément dans la sociologie, le diplômé de Harvard :

– Je vous avais pris pour une... pour une amie de Francis. Je veux dire pour une femme du même milieu que Francis.

Sans beaucoup de conviction, Virginie essaie de plaider :

– Je crois que vous vous trompez sur Francis...

– Je ne me trompe pas du tout. C'est un escroc. D'ailleurs, personne ne s'y trompe, pas même ma mère.

Il y aura un silence, une hésitation, avant que Peter demande, sur un ton où perce le doute :

– Vous jouez vraiment du violoncelle ?

– Non.

Pour le moins inattendu, le « non » de Virginie laisse augurer une confession. Mais est-ce la devise de Francis : « Romance, romance toujours, n'affranchis jamais le cave », ou un instinct animal, qu'est-ce qui la retient de dire la vérité : « Je me mets à poil tous les soirs en public » ? Au lieu de cela, Virginie invente dans l'instant même, et avec la plus absolue sincérité, la femme qu'elle aurait aimé être : directrice commerciale d'une grande maison de couture et, d'un château l'autre, elle tricote tout un contexte : une éducation protestante, une fugue, une rage d'indépendance, et puis le travail, surtout le travail, aucune vie sentimentale possible. Virginie y va même du « bagne doré », car elle n'a pas peur des clichés.

– Voilà des années que je saute le repas de midi. Je profite de l'heure du déjeuner, sans téléphone, pour travailler vraiment. Depuis combien de temps ne suis-je pas sortie le soir ?

Tout n'est pas faux, mais rien n'est vrai. Elle ne déjeune jamais, mais c'est pour garder sa ligne. Les voyages aussi, c'est vrai : elle connaît Londres, Hambourg, Las Vegas, Berlin-Ouest. Simplement, elle n'y a jamais présenté de collection. Elle aurait préféré. Au fond, elle ne ment pas, elle adapte ; ou si elle ment, puisqu'en fait elle ment quand même, c'est moins pour tromper Peter que pour se faire plaisir. Et le plus étrange, c'est qu'en se faisant plaisir à elle, elle lui fait plaisir à lui. Mieux que ça, elle le rassure. Tous les hommes un tant soit peu branchés éprouvent ce besoin d'être rassurés sur le passé tourmenteur, sur le lointain business. Et c'est à l'air rasséréné de Peter que Virginie comprend qu'il n'est pas loin d'être amoureux d'elle et, ce qui la fait moins bicher, qu'elle-même peut-être...

Mais nous n'en sommes, pour l'instant, qu'à une sorte de bien-être, une tendresse feutrée, un tête-à-tête que rien ne vient gâter. En somme, le climat rêvé pour une première rencontre entre les textiles anglais et la haute couture française. Virginie est assez contente de s'endormir vite, vite, sur cette image qui lui plaît bien.

Lorsqu'ils se réveillent, lui dans le rocking-chair, elle sur un tapis de coussins, le bruit de la pluie a cessé. Le soleil argente à nouveau le lac. Une merveilleuse journée en perspective. Merveilleuse, c'est encore à voir. Tous deux y pensent en regardant vers la rive et plus précisément vers la Carlottina.

Là-haut, on s'est encore couché tard. On est flapi. Et lorsque Virginie et Peter débarquent, l'accueil est plutôt frais. Même Francis fait la gueule. À la suite de la défection de ravitaillement, tout le monde s'est rabattu, hier soir, sur un restaurant et c'est lui qui a casqué. Ça, Francis ne le dit pas tout de suite, il se contente d'un « Merci tout de même » super secco, en voyant atterrir les croissants sur la table. Ce n'est qu'une fois seul avec Virginie qu'il y va de son lamento sur la nature humaine.

Mais Virginie l'écoute-t-elle ? Pas trop. Elle regarde le bateau au large. Sourit-elle au souvenir de la nuit ou au paradoxe de Francis ? En tout cas, celui-ci n'aime pas beaucoup qu'on se marre sans qu'il sache pourquoi. Pour un peu, le voyou reprendrait le dessus. Il est même à deux doigts d'administrer une valse à Virginie. La jeune femme flaire le péril et passe aux confidences : elle résume la rencontre avec Peter, par petites phrases prudentes, un peu comme on touche du bois. Francis se montre positivement enchanté. Voilà une union selon son cœur ! Il voit déjà Peter en jaquette et Virginie avec une traîne de quinze mètres ! Naturellement, ce qui l'enchante le plus, c'est ce qui plaît le moins à Virginie : le mensonge initial, la version maison de mode.

– T'as eu raison, c'est mieux que le violoncelle. Les musiciens sont des saltimbanques !

Mais la Carlottina se prête décidément mal aux confidences. Il n'est pas encore midi que ça débarque de tous les côtés. Margaret a décidé d'organiser une nuit antillaise, avec costumes, orchestre et tout le bazar. Chaque année, Margaret organise « sa nuit ». L'année dernière, c'était le Mexique, l'année d'avant le Japon. C'est toujours raté, les habitués le savent. Mais il n'est pas nécessaire de réussir pour persévérer et toute la clique s'y emploie avec enthousiasme.

Si bien que le soir, c'est au milieu des chansons doudou, le visage enduit de pen-cake et attifé à la mode des îles, que Francis apprend brusquement que son escroquerie sous-marine n'aura pas lieu. Il apprend par la même occasion que son départ ne provoquerait nul désespoir. C'est lord Hamster qui, déguisé en sorcier vaudou, lui assène ces gentillesses. Il lui en donne d'ailleurs très calmement les raisons : il a toujours accordé à sa femme deux amants par an, un à la neige, un au soleil. Ou c'est Saint-Moritz, ou c'est Stresa. Pas les deux. Il estime que le renouvellement de bail de Francis relève, à tout le moins, d'un mépris des usages pouvant rompre une certaine monotonie Hamster, et Frank tient expressément à cette monotonie. Ailleurs, on ne parle pas de départ, on fait les valises !

Follement encouragés par la musique folklorique – adieu foulards, adieu madras –, Virginie et Peter ont décidé de foutre le camp. Où ? Aucune importance, mais ensemble. Pour combien de temps ? On verra, mais tout de suite.

Francis approuve gravement ce projet, à condition toutefois qu'on lui laisse la voiture. Transposant à tout-va sur les raisons de son départ, il annonce à Virginie qu'il file à San Gimignano, chez une amie de toujours, qui possède des Caravage et des trésors d'affection. On l'attend, on l'espère. Là-bas, au moins, on sera reconnaissante. Il en profite pour faire le distinguo entre les vrais aristocrates et les peigne-culs de la bonneterie. Peter ne relève même pas. Ce soir, il aime Francis, il aime tout le monde !

Huit jours d'absolu beau fixe. L'orage ne les atteindra qu'au début de la seconde semaine, à Sienne, ou à Venise, mais oui, pourquoi pas Venise ? Cette nuit-là, sans doute victime de fameux élans du cœur, Virginie éprouve un soudain besoin, un imbécile et soudain besoin, de dire la vérité, au moins en partie, car on ne dit jamais toute la vérité, pas d'un seul coup. Elle avoue le « Crazy », c'est déjà trop, beaucoup trop. Peter veut en savoir davantage. Virginie avouera alors deux ou trois amants. Peter voudra savoir si elle les a aimés. Il faudra alors à nouveau tricher, dire non, puis revenir en arrière, dire oui, car c'est ça le drame des vérités, l'une entraîne l'autre. Virginie avouera quelques amants de plus. Elle dira même avoir traversé l'Espagne avec l'un d'eux.

Ce voyage espagnol est tellement mal venu, que le voyage italien en est empoisonné. Peter imagine des réminiscences, prête à Virginie des souvenirs qu'elle n'a plus. Pourquoi Venise lui rappellerait-elle Tolède ? Pourquoi son amour italien lui rappellerait-il son erreur espagnole ? Mais après tout, n'est-elle pas, à ce moment même, en train de commettre ce qui deviendra plus tard « l'erreur italienne » ? Virginie ne sait plus où elle en est. Elle aimerait bien se cramponner encore un peu aux apparences. Parce que, sinon, ça promet d'être coton. Il faudra lancer Violette sur le tapis, et pas seulement Violette : les dîners en ville, les à-côtés. Bonjour chienlit !

C'est sur le yacht, où ils ont – il y a cent ans ! – dîné « chinois », qu'a lieu la grande lessive. Ils sont rentrés de Venise dans la nuit, un retour entrecoupé de questions. Pourquoi sont-ils allés directement sur le bateau ? Encore une idée de Peter, ça, pour que ce soit encore plus con. Depuis vingt-quatre heures, il excelle dans ce jeu de salon. Eh bien, puisqu'on joue à ça, Virginie y joue aussi.

– Tu veux vraiment savoir ce que j'ai fait toute ma vie ?

Froidement, lentement, avec des gestes précis de professionnelle, elle se déshabille et se présente nue devant Peter.

– Voilà, je ne sais faire que ça… ça et un peu de cuisine.

Elle n'a, en effet, toute sa vie, qu'accompli les mêmes gestes, dans des décors différents, sous des étiquettes différentes aussi : un peu vendeuse, un peu mannequin, un peu danseuse, un peu fiancée, un peu putain… Ça, c'est Peter qui le lui rappelle, elle ne s'en souvenait plus. Il le lui dit d'ailleurs sans forcer la note, car maintenant il ne l'injurie plus. C'est plutôt pire.

Il dresse un bilan, simplement, un peu comme si Virginie lui avait volé quelque chose : son temps, son honneur ou sa montre, alors qu'au cours de ces huit jours, elle n'a fait que lui donner ce qu'une femme peut donner. Mais n'est-ce pas ce qu'elle a toujours donné à tout le monde ? Il considère donc cet apport comme une participation au voyage. De jaloux, il devient mufle, c'est assez courant.

« Romance, romance toujours, n'affranchis jamais le cave. » La devise de Francis revient à l'esprit de Virginie comme une bouffée d'amertume. Elle s'est gourée, gourée une fois de plus. Il faut toujours rester avec les siens, même si cette chaleur est parfois nauséabonde, c'est quand même la chaleur du clan. Recroquevillée sur un bout de canapé, enveloppée dans une couverture, Virginie décroche le téléphone et appelle Francis, là-bas, dans son palais de San Gimignano.

Il est vachement contrarié, Francis. Il aurait vu le mariage d'un bon œil. Merde, alors ! Encore un beau rêve qui fout le camp ! Mais il abandonne ses Caravage, ses ifs, ses plâtres veinés, ses jets d'eau, son plumard à baldaquin et sa bonne mémé pour se farcir deux cents bornes et venir récupérer sa copine en pleine bérézina, à la descente du yacht, sous un soleil incontournable.

Dans les familles, il y a comme ça des choses qui se font. Et on rentre à Paris, vers le Crazy, le George-V, Violette, la petite bande. On soupera à La Calavados, on ira prendre un verre chez Castel, puis un autre ailleurs, puis on verra, oui, c'est ça, on verra.

Elle a fait suffisamment de projets comme ça, Virginie. Elle en a marre. Elle met la radio. Ray Charles : « What I Say ». Francis sifflote en accompagnement.

Au fond, il devait s'emmerder dans son palais de marbre, Francis. Il pousse un paquet de pipes sur le tableau de bord. Virginie appuie sur l'allume-cigare. Tout se remet en place. Le petit Peter et la bonne mémé n'existeront bientôt plus.

Ils n'existent déjà plus.

– Et voilà, je conclus, vraiment à bout de course.

Depuis déjà un moment, Sévère désapprouvait en souriant. J'attendais ça. Il n'avait déjà pas trop aimé l'autre scénario, celui qui se passe à Tampico, que je lui avais raconté au Grand Vizir, la veille de son départ. Il ne s'était pas gratté pour me le dire. Il est exigeant sur les histoires, Sévère, en dehors de la sienne.

Alors, après qu'il a décapsulé une boîte de bière, on repart sur son cas, pas sur ses naufrages plumardiers, mais sur sa carrière, ses aspirations, son « potentiel », comme il appelle. Il tire d'une musette de cycliste, barrée par la marque de salaison Molteni[1], un feuillet arraché d'un cahier d'écolier. « C'est une chanson », annonce-t-il. C'est nouveau, ça. D'habitude, il usine plutôt dans le monologue, l'impromptu en vers libres, mais la chanson, jamais encore. Il plaque sa feuille sur le formica et le voilà parti à fredonner sur un air de tango d'il y a cinquante ans : « Adios pampa mia », je crois bien, en tout cas quelque chose de vers cette époque-là.

---

1. Pour l'histoire sportive, monsieur Molteni reste à jamais l'employeur du prestigieux Eddy Merckx, et les Belges gardent de lui un souvenir ému. Pour l'histoire judiciaire, monsieur Molteni demeure un fabricant de saucissons avariés qui rendirent très malades des Italiens vindicatifs.

« Un chagrin m'est tombé dessus
Dans les années d'après la guerre
Et depuis c'est moi qu'il préfère.
J'ai essayé de le distraire
Je lui ai fait faire le grand tour
Je lui ai raconté d'autres guerres
Et d'autres chagrins d'amour
Même l'enterrement de ma grand-mère
Mais j'ai beau dire et beau faire
Puisque c'est moi qu'il préfère... »

Il martèle la dernière syllabe comme un accord de bandonéon, puis, pathétique, s'inquiète de mon silence.

– Qu'est-ce que t'en penses ?

– Extra, je réponds pas trop courageusement.

– J'ai envie de l'offrir à Véra. En cadeau de rupture.

– Parce que tu romps toujours ?

– Et comment !

La prudence m'incline à la boucler, mais la curiosité me perdra toujours.

– Qu'est-ce que tu veux qu'elle en fasse, Véra, de ta chanson ?

– Qu'elle l'enregistre. Tu sais combien ça peut rapporter un disque ? Tu sais combien empoche Aznavour ?

Je pourrais, bien sûr, lui faire remarquer qu'entre Aznavour et sa crécelle... mais ça avancerait à quoi ?

D'ailleurs, le voilà chevauchant déjà d'autres lubies ! Au fou, docteur ! Il berlure à présent comme un malade sur la tragédie de l'homme seul, sans amour et sans chien ! La vraie merde ! Je dresse hâtivement le catalogue des petits coups possibles... pas princiers, mais possibles... une bistrote de l'avenue du Maine... l'ouvreuse du Petit Palace... une dame plutôt élégante qui fait pisser son cador tous les soirs en bas de chez Alban. Mais il rejette tout en bloc, le Sévère ! Difficile ! Me voilà contraint, pour convaincre, d'élever le niveau des alcôves d'un cran et même de plusieurs, d'explorer jusqu'aux sphères crêpe de Chine, jusqu'aux grandes nébuleuses d'Auteuil.

– Tiens, par exemple, madame Agnès ! je propose triomphalement. Elle te dirait rien, madame Agnès ?

– Elle est trop vioque

– Ne dis pas ça, elle a une tête ravissante.

– Une tête ravissante sur un corps de rombière !

– On voit qu'elle ne t'a jamais montré ses seins. Tu parlerais autrement. Ils sont aussi fantastiques que ceux de ta femme.

– Ah ? se pince-t-il soudain tout crayeux. Parce que tu connais ceux de ma femme ?

– J'ai vu une photo chez Alban.

– Bon. En admettant. Mais il y a un détail que tu sembles omettre, mon petit bonhomme :

les nichons de Véra sont en nichon, ceux de ton Agnès sont en polyester. Elle est totalement prothésée, ton Agnès ! Trafiquée cent pour cent !

Il jubile de sa tirade et recommence à se masser le tarin, mais vire presque aussitôt dans le soupçon.

– Il y a une photo de Véra chez Alban, tu disais ? demande-t-il, la respiration courte, me soufflant dans le nez des relents de houblon. Elle est comment sur la photo ?

– Elle est à poil, accroupie dans un champ de moutarde.

– Non.

– Je l'ai vue.

– Ce n'est pas un champ de moutarde, c'est un champ de colza ! (Il sourit, bizarrement satisfait.) Parce que tu l'as peut-être vue, la photo, mais moi je l'ai prise.

Cette malice le ravit absolument ; dans son regard fatigué – fatigant – flotte une commisération roublarde, tandis qu'avec l'air de complicité chafouine d'un qui ne l'aurait pas volé, il ouvre une seconde boîte de bière. Sa question ne me surprend pas, d'ailleurs, est-ce vraiment une question ?

– Elle est drôlement bien roulée, hein ?

– C'est possible.

– Puisque tu as vu la photo…

– Les photos, tu sais… moi, sur mon passeport, j'ai l'air d'un gauchiste.

– Véra est exactement comme sur la photo, affirme-t-il.

Il ment. Elle est beaucoup mieux.